THE LITTLE RED BOOK OF RUNNING

Scott Douglas

ランナーズ・レッドブック

ランナーへの222のヒント

スコット・ダグラス 著 ／ 高山敦史 翻訳監修

Skyhorse Publishing books may be purchased in bulk at special dis- counts for sales promotion, corporate gifts, fund-raising, or educational purposes. Special editions can also be created to specifications. For details, contact the Special Sales Department, Skyhorse Publishing,
307 West 36th Street, 11th Floor, New York, NY 10018 or info@ skyhorsepublishing.com.

Skyhorse® and Skyhorse Publishing® are registered trademarks of Skyhorse Publishing, Inc.®, a Delaware corporation.

www.skyhorsepublishing.com 10 9 8 7 6 5 4 3 2 1
Library of Congress Cataloging-in-Publication Data is available on file.
ISBN: 978-1-61608-296-3

Japanese translation rights arranged with Skyhorse Publishing, Inc, New York, through Tuttle-Mori Agency., Tokyo.

この30年間、私と共にランニングへの熱情を分かち合ってくれた方々へ

目次

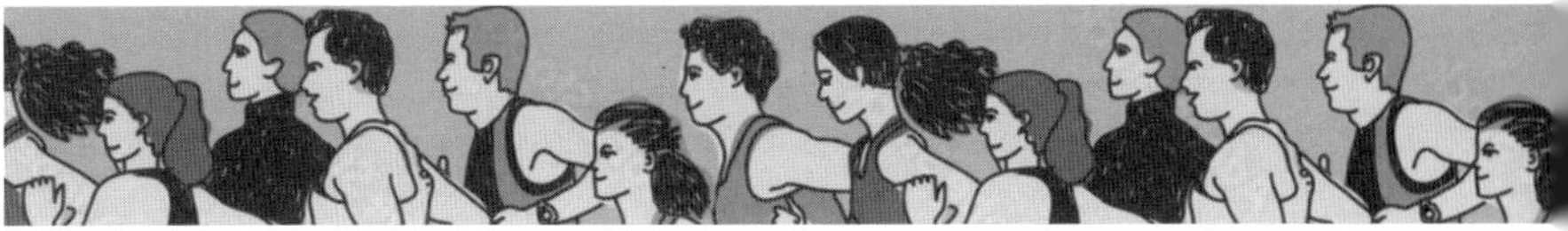

序文――良いランナーが良い指導者とは限らない

子供の頃、『ちびっこきかんしゃだいじょうぶ（The Little Engine That Could）』という絵本が私のお気に入りだった。高校生になってランナーになった私は、長い坂道にかかるとこの絵本の主人公である青い機関車が、「できると思う、できると思う」と言いながら、故障した赤い機関車を引っ張り上げていくシーンを思い出していた。とてもバカバカしく聞こえるだろうが、この絵本は先輩やコーチのアドバイスやスポーツ心理学に関する専門書よりもずっとリアルに、私のモチベーションを高めてくれた。幸運なことに、私はジョン・ケリー（オリンピックのアメリカ代表マラソン選手。１９５７年のボストンマラソンで優勝した）のコーチを受けることができた。毎日のように通ったケリー宅のキッチン・テーブルでは、かならずヘンリー・D・ソローの言葉を聞かされた。その一つに「シンプルに、よりシンプルに。我々の人生は細部によって浪費されるのだから」という言葉があった。良いランナーになるためには、たくさん話したり考えたりする必要はない。君はただ走ればいいのだ。ケリーは私にそう語った。私は、やっぱり青い機関車が正しいんだと思った。

じっさい走ることはシンプルだ。多くの場合、科学的なデータを基にした半年間のトレーニング・プログラムよりも、ちょっとした知恵や経験則の方が役に立つ。私のランナー人生を支えてくれたのは、ケリーやその後のコーチ、そして信頼できる先輩や同僚からのシンプルなアドバイスだった。たくさんの名ランナーに囲まれていた私が幸運だったことは確かだが、同じように幸運なのが、今まさに本書を手にしているあなただ。

スコット・ダグラスは、ランニング界の希少種である。良いランナーが良いコーチとは限らないし、良いコーチだからといって良い文章が書けるわけでもない。多くのスポーツコーチが、机の前に座っていたくないから外で体を動かすことにした、という体育会系の経歴を持っていることを忘れてはならない。トレーニング現場で手取り足取り教えることに長けている指導者も、１００㎞離れたランナーに言葉だけで教えることは至難なのだ。そういった意味で、私はダグラスを希少種と呼ぶのである。この本に書かれている多くのヒントが、あなたのランニング・ライフのさまざまな場面で有用であることは、本書をちょっと読みかじっただけで、たちどころにわかるだろうから、これ以上余計な推薦文は必要ないはずだ。何事もシンプルにいこう。

アンビー・バーフット

ランナーズ・ワールド元編集長、１９６８年ボストンマラソン優勝者

はじめに

私は中学3年生のときにランニングを始めた。走り始めてすぐに夢中になった。あらゆる天候の中で外に出て、新しい可能性にチャレンジするという感覚が好きだった。今までよりも遠くまで行けるかどうか、前の週より速く走れるかどうか、そんな一つ一つの挑戦に生きがいを感じた。走っているときの肉体的な負荷と、走り終わったときの精神的な充実感が、どこか不思議にシンクロナイズされている感覚は、それまでに経験したことのない種類のものだった。自分の体に負荷をかけることが充実感につながる。それが新鮮だった。

高校に入ってクロスカントリー・チームに入ると、走ることがもっと好きになった。友人たちとのトレーニング、その友人たちとのレース、長期的な目標に向けた努力など、競技ランナーとしてやるべきすべてが、若かった私の「走る」という行為に、それまで感じたことのなかった、まったく別の魅力を加えてきたのだ。

本格的にランニングを始めた最初の年、私は図書館に行き、ありったけの本や雑誌を借り、コーチにはトレーニング方法やレース戦略についてひっきりなしに質問した。チームメートの経験を聞き、自分に応用できるかどうかを探った。少しでも時間があれば誰彼なくランニングの話をした。どれくらい走った？　どんなペースで？　好きなトレーニングは？　膝《ひざ》が痛いとき、暑いとき、雪が降っているときは？　レース前夜に何を食べた？　などなど、ランニングに関するすべてが気になった。

大学入学以降も、私は片っ端からランナーに声をかけてきた。やがて１９９０年代初め、幸運なことには私の前にランニング・ライターという道が開けた。私は突然、世界最高のランナーやコーチたちと直接話をすることができるようになったのだ。世界一流の長距離走者やコーチと話し、観察し、一緒に走った。いわゆる役得である。

私のランニングはさらに充実し、その結果として自己ベストを更新する日々がつづいた。ランナーとしてこれ以上恵まれた環境はないと思う。こういった貴重な出会いから学んだことを、ライターが放っておくことができるはずもなく、機会があるたびにランニング雑誌でさまざまなヒントを紹介した。

そんな雑誌の記事や共著した4冊のランニング本を、よりわかりやすい1冊の本にまとめたいという欲求が芽生え、その結果が本書だ。

30年間走りつづけた私が学んだ最大のことは、ランニングの成功は科学的なデータや論理的な帰結よりも、むしろシンプルでわかりやすい現実的な工夫にあるということだった。この本は究極のランニング論でもなければ、最高のパフォーマンスを発揮するためのトレーニングガイドでもない、リアルなヒント集である。

あなたのランニングをより楽しく、充実した人生の伴走者とするために、この本のヒントを役立ててほしい。

スコット・ダグラス

ランニング・タイムズ　シニア・エディター

パート1　もっと長く

——距離を延ばすための45のヒント

「どのくらい走っているの?」

ランナーなら誰もが問われる質問だ。質問者はランナーとは限らない。友人や職場の仲間にランニングをしていると言えば、まずはこの質問が返ってくる。

同じ質問に飽き飽きしているあなたが意地悪に、「週に3回くらい」と答えたとしても、「1回にどのくらいの距離?」という追加の質問をされて、「あー、距離のことね。だいたい10㎞くらいかな」と答えることになる。

これはランニングについて考えるとき、量(距離)がもっとも一般的な指標となっていることの証しだ。だからこそビギナーに限らず、ほとんどのランナーは「長い距離を走るにはどうしたらいいのか」が知りたい。ランニングの最終目標が速さであったとしても、まずは距離をカバーできなければお話にならないというわけなのである。

現実的に走り始めると、どのランナーもある時点で「どのくらい走るの?」という問いに対する答えを自分自身で発見することになる。というのも、その時点での自分の体力にちょうどいい距離というものが、厳然として存在しているからだ。しかし、10㎞走ることができたら、なぜか次は20㎞を走りたくなる。20㎞走ることができればハーフマラソンに参加できる、というように。スプリンターを除けば、ランナーという種族はもともと長い距離を走りたいのである。そして目標は30㎞に、40㎞へと延びていく。フルマラソンへの出場と完走は、ランニングを始めた人にとって最初の大きな目標だ。この章では、走り始めた人が突き当たる最初の壁を乗り越えるためのヒントから、1日に2度走るような中級者向けのヒントを中心に紹介する。

最初の壁を乗り越えるために

1　ムダ走り伝説

ランニングを始めてしばらく経つと、あなたの耳には、先輩、ジムのトレーナー、できたばかりのラン友、スポーツ雑誌などさまざまな方面から雑音が入ってくるだろう。そんなたくさんの雑音の中に「ムダな走りをするな」というもっともらしい言葉がある。冒頭でこれだけははっきりさせておくが、ムダな走りなんてない。

ムダな走りをするなという主張の根源にあるのは、経済学でいわれる「収穫逓減《ていげん》」の発想である。生産入力がある一線を越えると、入力が生産出力の増加につながらず、かえってコスト増につながってムダが増えていくという限界生産逓減の法則だ。ランニングに当てはめると、無計画に一定以上の距離を走ったところで、その努力は報われないということになる。

いつ誰がこの経済における法則をランニングに当てはめ始めたのかは知らないが、どこかしら理屈が通っているような不思議な説得力があるから伝説化しているわけだ。で、伝説に負けないように大きな声で繰り返すが、ムダな走りなんてない！　一切ない！

経済にはムダがあるが、フィットネスにはムダがないのだ。確かに効率的な練習は大切だし、計画性も重要だろう。ただランニングに関する限り、たとえ練習が非効率的だったとしても、それが収穫であることにちがいはないのである。レースで1秒を縮めるためには、1秒でも余分に練習することがきわめて重要なことなのだから。

万が一、あなたがランニングは自分のフィットネスに役立っていないと感じていても、じつは目に見えないところで多大な貢献をしている。ランニングは血流を促進させ、カロリーを消費させ、頭をすっきりとさせ、あなたを外に連れ出してPCやスマホのディスプレーから遠ざけ、ラン友たちとの語らいでリラックスした時間を過ごさせてくれる。

今週末に1秒速く走るために、今日、もう1歩だけ余計に走ろう。その1歩は決してムダにならない。

2 ともかく、まずは走る

もちろん、より多く走ることがマイナスになる場合もある。しかし、ほとんどのアマチュア・ランナーにとって、方法さえまちがえなければ、その分岐点に到達する危険性は低いと言っていい。ランニング・フィットネスを計画的に賢くコントロールすれば、ケガを避けながら健康な体を手に入れることができる。私たちの多くは健康のため、シェイプアップのため、汗を流す爽快感を楽しむために走っているのであって、自分の可能性の限界に挑んでいるわけではない。それでいい。ランナーとしてパフォーマンスを10％向上するために2倍の努力をすることは、多くの人にとってはさほど意味のあることではないだろう。だからといって、いつも以上の練習が時間のムダになるとか、より速く走る訓練がケガや燃え尽き症候群につながると考えるのは早計だ。

試したことがないのに、どうしてわかるのか？

念のために繰り返すけれども、挑戦しろと言っているわけではない。「オーバー・トレーニング」とか「走り過ぎ」とか「ムダ走り」といった言葉におびえてはいけない、と言いたいだけなのだ。確かに、今の自分の限界を超えるチャレンジをすれば疲れる。しかしトレーニングというものは、目標をより遠くの地点に置くことでしか達成できない種類のものであることを認識しなくてはならない。目標を同じレベルに据え置いて上達できるスポーツなど、この世に存在しないのだ。

3　3日目で行き詰まってしまった人へ

そんなあなたは、まちがいなく速く走り過ぎている。スローダウンが必要だ。ともかくペースを落とそう。これは始めたばかりのビギナーだけではなく、ある一定のレベルに達した人がランニングに行き詰まりを感じる場合にも当てはまる。単に速く走り過ぎているだけのことなのだ。次のような思考実験をしてみると、それがよくわかる。

あなたが1日当たりの走行時間を15分増やしたいとしよう。そこで質問だ。これまで同様の距離を走った後、15分間のスプリント練習ができるだろうか？「ムリ！」。ですよね？それでは、これまで同様の距離を走った後、15分間のウォーキングをするのは？「楽勝！」。はい、そうでしょうね。じゃあ、これまで同様の距離を走った後、同じペースで15分間延長して走ることはできますか？「うーん、がんばればできるかも」。その気持ちはわかるが、じっさいには難しいのではないだろうか。1回だったらできるかもしれない。けれども、走るたびに同じことをやろうとすればペースを維持できなくなるか、あるいは毎回走るのが面倒になって、挑戦する意欲さえ失ってしまうのではないだろうか。

つまり、この三つのシナリオから導き出すことができる適切なペースとは、歩くペースと普段のペースの間のどこかにあるということになるわけだ。

この思考実験を、距離を延ばすための方程式とするならば、もしあなたが毎回距離を延ばしたいのなら、今よりゆっくり走らなければならないことが明白となる。そして現実的には、可能な限り前半をゆっくり走った方がいい。もし、あなたが1回当たりの距離ではなく、走る日数を増やすことによって月間総距離を延ばしたいなら、毎日これまでよりも少しゆっくり走るということになる。

以上を簡単にまとめると、運動の総量に対して負荷を分散して距離を延ばすことが、行き詰まっているランナーにとって必要な対策ということになる。気合で距離を延ばすことはできない。

4　速度違反でつかまらないように

距離を延ばすための重要なポイントは、走っているときにいつもより力が抜けていると感じるところまでスローダウンすることだ。それは、体力が徐々に失われていくのではなく、逆に貯まっていくような感覚となるはずだ。言葉にするなら、「どうしてもと言うならこのペースで走りつづけられるけれども、これ以上速く走ることはできそうにない」という感覚ではなく、「このペースで走りつづけられるし、ペースを上げろと言われれば、それほどムリなくできる」という感覚だ。距離を延ばそうとするときは呼吸が指標となる。可能な限り楽に呼吸できるペースにするべきだ。そのためには、一定距離ごとの走行時間に速度制限を設けなくてはならない。速度違反で捕まらないように、自動車のようにクルーズコントロールを効かせよう。同じ距離を速く走ってしまうと、いち早く筋肉疲労が現れて自分の限界に近づくことになる。走っているほとんどの時間に激しい呼吸をしていたら、筋肉が望ましい状態のまま遠くまで走ることはできない。まず距離を走る。それから、より速く走ることを考えなくてはならない。

5　アイドリングは車だけじゃない

より長く走ろうとするときの最善の方法は、自分が適正だと思うよりもゆっくり走り始めて、徐々にペースを上げることだ。無理にペースを上げるのではなく、次のようにする。

あらかじめ決めておいた所要時間で1㎞を走るとき、あなたがそうあるべきだと思っているペースで走り始めず、まずは軽いランでスタートする。心拍数が徐々に上がり、血流が緩やかに増えて筋肉が温まり始めると、「よし、速く走れそうだ」と思わなくても、自然に速く走りたくなってくる。10分、15分もすれば、体感的な努力はほとんどすることなく、ずっと速く走ることができている自分に気づくはずだ。「急がば回れ」、「ウサギとカメ」など、ランニングに限らず、この類いのことはいろいろな金言や教訓があるが、やっぱり昔の人は良いこと言う！

自分の脳をダマすためのテクニック

6　脳をダマす

ランナーは練習すればするほど、「走るべき速さ」について考えるようになる。すると必然的にそのペースに早く到達するための努力をしてしまう。脳がゴールを目指すからだ。数多いスポーツジャンルの中でも、ランニングほどメンタルコントロールが重要なスポーツはない。ランナーに限っては、コントロールというより、むしろ脳をダマすくらいの気持ちでちょうどいい。

やってみればわかるが、意外なことにリラックスしてゆっくりと走り始めることは、そう簡単なことではない。それは脳が速く走りたがるからなのだ。だからこそ、走り始めは「スローなダンスを踊ろう」とか「もしもしカメよ、カメさんよ」とかを呪文のように唱えてブレーキをかけよう。あるべき設定速度で走るのではなく、心地良さを感じた自分の体が勝手にペースを上げていくように誘導することが、ランニングを楽しく実りあるものにする鍵の一つだ。難しく聞こえるかもしれないが、あなたが人間である限り自然にそれができるようになる。ゴメン、ＥＴ！

7 始め良ければ、終わり良し

ずいぶん前のことだが、ケニアで1カ月間、現地のランナーたちと合同トレーニングをしたことがあった。合宿はつまずきから始まった。最初の数回、私は一緒に走っているケニア人たちのあまりにゆっくりとした走り出しについていけなかった。ペースが速過ぎてついていけないのではなく、遅過ぎてついていけないという経験をしたことがあるだろうか？ 少なくとも、私にとっては初めてのことだった。一緒に走ったのは５㎞を13分以内で走る高校生たちで、多くは国際大会でケニア代表として活躍しているランナーなのだ。

ところがペースは徐々に速くなっていく。それは腕時計をチェックした誰かが、１㎞地点で「さて、ここからペースを上げよう」というようなシステマチックなものではなく、ごくごく自然発生的にそうなった。それから15分ほどで私は自分が速く走っていると自覚したが、走り出しのスローペースと努力レベルがほとんど変わらないのが驚きだった（標高は２５００ｍもあり、メイン州の海沿いに住んでいる私が、高地がもたらすさまざまな困難を痛感していたことは事実だとしても）。逆にラストの3分の1ほどは、レースレベルに近い速度で走ることができたが、結果的にスプリントする余力があっただけで、スプリントでトレーニングを終えることが重要なわけではない。終わり方よりも、始め方が重要だということを言いたいのだ。

私はケニアでこの緩急の走り方を学んだ。何よりも走っていて、「急にキツくなった」と思えるようなポイントがなかったことは驚きだった。距離や時間を無視して、ゆっくり走るべきとききと、もっと速く走るべきときの区別を体に教え込ませることは、それまで思いもしなかった新鮮かつ原始的なトレーニング方法で、その後の私のトレーニングを変えるきわめて重要な体験となった。

8　脳の演算式を底上げする

「練習中のスピードが遅いと意味がない」。そう思い込んでいる人に注意しておきたいことがある。走っているスピードが快適なのか、あるいは苦しいかといった肉体情報をリアルタイムで演算して、あなたに伝えてくるのは脳である。そこで重要となるのが、脳が使っている演算式である。演算式にはあらかじめ、あなたが有酸素運動で使う基礎体力が組み入れられている。つまり体力があればあるほど、より速く走ることを苦痛と感じないシステムなのだ。だからこそ、まずは基礎体力を身につけて、演算式の底上げをすることが先決なのであって、いたずらに走る速度を上げたところで、あなたは速く走れるようにはならないのだ。

今この本を読んでいるほとんどの人にとって、有酸素運動の基礎体力を向上させる最善の方法は速いペースで走ることではない。遅めの速度でより長い距離を走ることである。これは重要なことなので、あえて繰り返したい。

――遅めの速度でより長い距離を走ることである。

走行距離を増やすことによって体力がつくと、日常的に快適だと感じられるペースがより速くなる。今、少しペースを落として走行距離を延ばすことで、後々、今よりも速いペースで走ることができるようになるのである。はい、またまた、「急がば回れ」です！

9 脳をダマすコース設定

初めての場所へ行ったとき、行きと帰りとどちらの距離が長く感じるだろうか？　帰りの方が短いと思う人が多いのではないだろうか。「あれっ、こんなに近かったっけ？」というように、人の脳は往路よりも復路を短く感じる傾向があるようだ。復路では新しい情報をインプットする必要がない分、脳がサボってリラックスしているかららしい。この錯覚をトレーニングに取り入れない手はない。折り返しコースこそは、脳をダマすためのもってこいの方法なのである。

その日の目標が1時間なら、30分経った所で回れ右をして家に帰る。まだフレッシュな気分で走ることができているだろう折り返し地点で、もう帰路につくのかという錯覚をする。じっさいはまだ半分を終えただけなのに。後半に疲れがたまってきたとき、ループ状のコースにはいつでも近道の誘惑があるが、折り返しコースにはそれもない。ランニングがメンタルスポーツであることを常に意識して、自分の脳をダマす名人になろう。

10 望まれない回答（笑）

1カ月当たりのランニングの総距離を延ばすためには、走る日を増やすべきか、1日当たりの距離を増やすべきか、どっちが正解なんですか？　こういった質問を受けることがままあるが、私の回答を聞くと、皆、苦笑する。きっと今からあなたも苦笑仲間の輪に入ることになるだろう。私の回答は、「1日当たりの距離を増やして、かつできるだけ走る日を増やす」である。だって、楽をするためにランニングしている人っていないはずでしょ？　余った時間があったら走る、余った時間がないなら、時間を余らせる。それがほんとうのランナーです！

11　そうは言っても……

そうは言っても、前項の私の体育会的な回答は日々の仕事に追われている皆さんの神経を逆なでしたにちがいなく、「悩んでいるから本を買ったのに、ここでもまた精神論かよ！」と思われてしまうのは不本意だ。私は精神論を振りかざしているわけではないのだが、何度も言うように、ランニングは走る人のメンタルに大いに依存しているだけに、精神をないがしろにできないことも事実だ。ただ、残業を強いる上司との関係は精神論や気合で解決できないことも事実で、時間を作ることが難しい人へもう少し具体的なアドバイスをしてみたい。

たとえば日程的な制約で、週に月水金の3日しか走れない人。そんな人は、その3日は今までよりも少しだけ長く走ろう。普段走らない火曜日に走る時間を強引にひねり出して短い時間を走るより、これまでどおり、月水金に15分増やして走る方が現実的かつ効果的だ。

次に、いつもは火木しか走っていないけれども、他の曜日にも時間が取れる人。そんな人には毎週もう1日、たとえば土曜日に走ることを勧める。この場合、普段の距離は変えないようにする。運動量の増加に順応するのにはおそらく数週間かかるが、これまでと劇的に変わったわけではないから、さしたる負担にはならないはずだ。脳に気づかせないように、こっそり、少しずつ増やしていこう。

最後に、ほぼ毎日走っている人。たとえば週半ばの水曜日に走行距離を追加しよう。具体的にはウォームアップとクールダウンに2～3㎞ずつ追加して、その週の合計距離を増やすのだ。

精神論や気合ではなくデータ

12 ランニング日記の必要 その1

パフォーマンスの向上に少しでも興味のあるランナーは（そうでないランナーは、そもそもこの本を購入していないだろうけれども）、ランニング日記をつけるべきだ。「やってるよ。毎回スマートウォッチで記録しているし、スマホを見ればグラフだってあるし」。ですよね。現代は本人が知らないことまで、電子機器が知っている時代だ。しかしながら、あなたはデータを記録して、それだけで安心してしまっていないだろうか？ ランを終えて、その日の速度や距離を確認したっきりではないだろうか？ あるいは記録するために走っているような気分になってはいないだろうか？

私が言うところの日記は、アナログ情報に重きを置いている。ハードなトレーニングをした際に、回復を感じるまで何日かかったか？ どんな種類のトレーニングで体の痛みが出たか？ どのくらいの距離を走ったときに、足首に違和感があったか？ など。日記は近づいて来たレース前に、前回自分がどのようなトレーニングをして、どのような結果になったのかを思い出させてくれる。パフォーマンスを向上させるために、同じような失敗を繰り返さないために、過去の記録、もしくは自分の精神状態や肉体状態をチェックするのだ。そのためには、見直したときに有益な情報が得られるように、そのときの感覚や気持ちなど、余計と思われることも書いておくこと。距離や時間だけでなく、コースの種類、天候、時間帯に加えて、その日の生活の中で起こったことなども記しておこう。

具体的に例を挙げるなら、その日のコースはダウンヒルが多かったか？　ロング走をした日は暑かったか、寒かったか？　その日の仕事は忙しかったか、暇だったか？　睡眠不足だったか？　仲間と一緒に走って、いつもより速いペースで走ったか？　などなど。ほとんどのことは走った直後や数日間は覚えている。けれども幸か不幸か、人は忘れる。都合の悪いことや苦しかったことを夢のように、いつの間にか忘れてしまうものなのだ。だからこそ日記を書く習慣を身につけよう。

13　ランニング日記の必要　その2

ランニングを始めると、ある時期までは驚異的な速度でパフォーマンスが上がっていく。それは何とも楽しく充実した日々で、あなたとランニングの、いわばハネムーン期間である。しかし結婚同様、ハネムーンは一度しかない。ある時点から、パフォーマンスが停滞し始める。倦怠期の到来だ。この倦怠期を乗り切るために日記が役に立つ。

日記がトレーニングツールとしての役割を果たすためには、できれば毎回、少なくとも週に数回は書き込む必要がある。月に2回のデータでは、パターンを見きわめてまちがいを学んだり、改善策を練ったりするためのログにはならない。週ごと、月ごとの走行距離、走った日数、ストレッチの回数などをまとめる作業も重要だ。データを記録した時点では気がつかなかったことが、不思議と見えてくるものなのだ。

日記が効果を発揮するのは、たまたま素晴らしい日があったときのデータではなく、良かったとき、悪かったとき、すべてをひっくるめたデータ量である。一回一回のランで一喜一憂せず、ひたすら淡々と記録しつづけよう。時間をかけないと進歩が見えないスポーツだからこそ、データの蓄積が重要なのだ。

14 距離が主、時間が従

走った距離を記録するか、走った時間を記録するかは、一貫してさえいればどちらでもいい。というか、どちらも記録した方がいい。私が知る限りにおいては、ほとんどの人は距離が主で、時間が従だ。たとえば、「今日は42分走ったから、7㎞と記録しておこう」というように、大ざっぱな自分の計算式を持っている。次々項にあるように、データは極力正確であるべきだが、それでも記録を残さないよりはマシだ。

余談だが、ヨーロッパで数年暮らした友人は、その間は「マイル」を使わず、現地に合わせて「キロ」単位で記録していたそうだ。「週に90マイル走っている」と言うよりも「週に145㎞走っている」と書く方が能力が上がった錯覚があったと冗談めかして言っていたが、それもまた脳をダマすにはうまい方法だったにちがいない。

15　過小評価でちょうどいい

いつものコースではなく、気分転換に新しいコースプランを考える際、距離に関してはそれほど神経質になる必要はない。それよりも、自分が通常どのくらいのペースで走っているのかを正確に把握しておくことが大切だ。それさえわかっていれば、数百メートル程度の誤差はなんとかなる。オンラインの地図ツールはコースの距離を確認するのに便利だが、コースを走った通りに正確に計測できるわけではないし、坂や風などを考慮してもいないから、だいたいの距離の目算をつける程度で満足しておこう。

また、設定タイムに迷ったら自分を過小評価するように心がけよう。ランナーという種族はたいがい自分の実力よりも速く、遠くに行けると思いがちだ。自信を持つのは走り始めてからでいい。計画時点では自己評価を低めにして、ムリのないコースとコースタイムを設定することが肝心だ。

16　正確な確定申告

タイムや距離を常に正確に記録しておくことは、きわめて大切なことだ。５００ｍを四捨五入すると１㎞である。しかし、一度でもマラソンレースを経験したことのある人ならわかるだろうが、レース前に４２・１９５㎞を走り切ることに高揚していたはずが、ゴールまであと１㎞の看板を見た途端、この最後の１㎞を免除してくれるなら悪魔に魂を売ってもいい、とさえ思ってしまうものなのだ。１㎞の長さと価値を決めるのは、大会主催者でも、ラン仲間でもなく、家族でもなく、あなた自身なのだ。

９・５㎞を走った日の日記に、あなたが記さなければならないのは、９・５㎞と記入することだ。今日は仕事も大変だったし四捨五入して10㎞にしておこう、というのはプチ魂売りであり、絶対にやってはならないことだと肝に銘じておこう。いいかげんなデータを日記に水増しして書き込むことは、自己欺瞞《ぎまん》以外の何物でもない。楽をしたいなら、何もランニングなんてする必要はないのだ。

長い間ランニングを趣味にしている人やプロのランナーは総じてストイックである。おそらくはそうでないと、この世界で生き残ってはいけないのだと思う。週に１００㎞走っていると自分に言い聞かせるのは勝手だが、あいまいな計算で常に１００㎞に到達しているとするなら、その記録は誰にとって何の意味があるのだろうか？　距離も時間も水増しできないレースともなれば、普段のいいかげんなデータを信じているあなたの脳は、「なんでこんなにキツいのだろう？」という疑義を呈するはずだ。脳をダマすことと自己欺瞞は似て非なるものなのである。

それでも世の中にはいろいろな人がいることも事実で、私の主張はやや古風過ぎるのかもしれない。たとえば、あるアメリカのオリンピック代表のマラソンランナーはランニング雑誌の中で、１週間に１５０㎞走ったところを、１８０㎞と記録することで自信を得たといっていた。人それぞれモチベーションの高め方はさまざまだが、このあまりにトリッキーな方法が万人向けだとは到底言い難い。

デジタルデバイスではなく、体に聞く

17 ガジェットの功罪

まず初めに、GPSのようなガジェットを多用するエリートランナーは例外的であると言っておこう。彼らはコースを決めると、スマートウォッチに区間ごとの距離を割り振るだけで、他の機能を使わない。スマートウォッチやスマートフォンからの絶え間ないフィードバックを必要としていないのだ。というのも、彼らは一定の距離をプランしたとおりのペースで走ることだけが重要だと考えているからだ。

どのくらいの距離をどのくらいのペースで走ったかを正確に知っておくことは悪いことではないし、特にロング走の場合はGPS機器の情報が役に立つことがあるだろう。あるいはデータを記録することが、楽しみになっている人もいるだろう。電子機器にはモチベーションを上げる効果があるのかもしれない。それはそれでいい。

正直なところ、あまりにも多くのランナーが日々のランニングでGPS機器に頼り過ぎていると思う。しかしながら、デジタル機器があなたに代わって語る、血中酸素量、呼吸数、歩数、カロリー消費などの数値に一喜一憂するのはバカげている。そういった一見科学的なデータを次回、そして来月のランニングにどう生かすのかを検討するのは、あなた自身なのだ。それよりも重要なのは、あなたが走りながらどう感じたか、足の調子はどうだったか、呼吸は苦しくなかったか、気分は悪くなかったか、走り終わったときの体調はどうだったかといったアナログ情報をその日の日記に記した方が、はるかに将来に向けての情報価値が高い。スマートウォッチのデータよりも、自分の体が発信している信号に耳を澄まそう。

18 腕時計をつけずに走る

少なくとも週に数日は、腕時計を家に置いておこう。それ以外の日は、腕時計の合計タイムを目安に、いろいろな場所を走るといい。今から記す鉄則は重要なことだが、あるいは多くの人には意外に思えることかもしれない。それは、毎日同じコースを走ってはならないということだ。

私が、同じコースを走ることを勧めない理由に心当たりはあるだろうか？ 景色に飽きるのでモチベーションが低下しがちだから、と予想した人が多いだろう。確かにそれもある。しかしながら、最大の問題点はついつい過去のデータと比較してしまいがちな点なのだ。いつもより遅く走ったことでがっかりしたり、３㎞のチェックポイントで昨日より15秒遅かったと知って無理にペースを上げたりする。これが多くの場合、体にとってはネガティブに働き、その結果がメンタルに影響することになるのだ。知らぬが仏という言葉もある。いつものコースを走るときは、時計を家に置いておこう。

19 1週間の走行距離

ランナーになると、ある時点でランニングのスケジュールを1週間単位でイメージするようになる。私たちの社会生活は、1週間という周期で形成されているのが一般的だし、ことに現役バリバリで働いている人は、週末という大きな区切りを意識しながら毎日を生きている。だから、トレーニングの単位を1週間とするのはきわめて自然な成り行きだ。けれども1週間という単位は意外に短くて、仕事や家庭で何かしらアクシデントがあると、あっさり計画が流れてしまう。週の計画が達成できないとモチベーションが下がる。それが繰り返されると、ランニングそのものへの興味が薄れてくる。だから、一週一週を一つの単位として捉え、その週の計画を達成しなければならないという考え方はしない方がいい。月間の走行距離として大きな枠で捉えるようにしよう。

20 10%ルールという都市伝説

ランニング量を増やす際には週に10%以上距離を増やしてはいけない、というのはランナー界に蔓延《まんえん》している都市伝説である。現代人は科学が好きだ。前項の1週間同様に、1㎞という単位に意味を見い出そうとする。確かにこの都市伝説の言わんとすることはわかる。急に距離を延ばし過ぎるな、ということだ。それは人間という生物の生理を考えると適切なアドバイスであるように聞こえる。しかし10％という数字の出所が明らかにされていない。科学的であろうとして数値を持ち出すのはいいが、肝心の根拠がどこにもない。健康でケガもなく、ただ単にもっと走りたいし、じっさい走ることができるというランナーに、「いや、これまで20㎞しか走っていなかったのだから、来週は最大で22㎞にしなさい」という理由が見当たらないのだ。なぜ24㎞ではないのだろう？　なぜ30㎞走っちゃいけないのだろう？　これって、朝くしゃみをした子どもに、風邪を引いたかもしれないから、今日は学校には行かない方がいいと言っているようなものである。

体は鍛えるものであり、ランナーは走ることによって成長する。ムリのない程度に距離を延ばすためには、常に体が発する信号を察知する能力が必要で、しつこいようだがその重要な部分を電子機器に頼っていると、いつまで経っても自己診断能力が身につかず、結果的にケガをすることになる。

21　1週間の走行距離を増やすための方法

1週間に走る回数が4回未満なら、シンプルにもう1日だけ走る日を増やすことをお勧めする。週に3日、1回当たり7㎞走っていた人であれば、週の合計が21㎞から28㎞となり、月間累計距離が84㎞だったところが、100㎞を超えることになる。ただし先にも書いたように、追加した1日もそれまでの3日と同様、ペースを上げずに、余裕を持って走ることが大切だ。

日常生活上の事情で、1週間の走る日数を増やせない人、あるいは逆に毎日走る習慣が身について、もうこれ以上走る日を増やすことができないならば、1週間の合計を3～4㎞だけ増やすようにしよう。欲張ってはいけない。3、4㎞、つまり10～20分程度増やすだけで十分だ。

22 いいヤツを裏切るな

前項で紹介した私のアドバイスを素直に実行してくれたあなたが、翌週、1週間に走る距離を増やすことができたとする。肝心なのはここからだ。2～3週間はかならず同じレベルを維持しなくてはならない。人間の体はすぐには新しい負荷に順応することができない。体も脳同様にサボりたがるのだ。だから新体制に適応するための時間を体に与える。

体が追加された負荷に慣れるまでのこの期間こそがトレーニングの核心部である。私が10％ルールが無意味だと断言するのは、まさしくこのことを言っている。10％ルールがもたらす負荷の増加は少な過ぎて、体がその変化にどう対応していいのかわからないまま、翌週にまた10％が追加され、さらにその翌週にも10％、翌々週にも10％というように、負荷がダラダラと上がっていく。体には何が起こっているのかがわからない。なんだかよくわからないからしばらく様子を見ているか、あるいは気づかないふりをするかもしれない。「10％ずつ増やしていけば、体に負担がかからないだろう」という発想は、いかにも体を気遣っているように見えて、じつは「体に気がつかれないように、こっそりやっちゃおう」という詐欺的な発想なのである。ずる賢い脳を相手にするときには詐欺的手法も必要になるが、体は純朴で驚くほど素直だ。そんないいヤツをダマすと、かならずしっぺ返しが来る。

私が10％ルールで思い起こすのは、戦時における「戦力の逐次投入」である。これは昔からやってはいけない最悪の戦術として知られていて、今日では多くのビジネスシーンで同様なことが言われている。戦力を小出しにしても効果は微細で、おまけに小さな敗北が積み重なり、結果的に大敗を喫してしまう。戦力の増強は一気呵成《いっきかせい》にやらなくてはならないのである。

23 ダウンウィーク

1週間の走行距離を安全かつ効果的に増やしていくための次の鍵は、ダウンウィーク（距離を減らす週）を設けることである。新しい設定距離に慣れてくると、さらに目標を高く設定したくなるかもしれない。そのときにこのアドバイスを思い出してほしい。体に新たな負荷をかける前に、意図的に距離を減らす週を設定するのだ。

たとえば、週に30㎞走っていた人が40㎞に距離を延ばし、2～3週間そのレベルを維持することができたとする。さらに距離を延ばそうとする場合は、いったん元の30㎞に戻すのだ。体にも休息は必要だ。次から次へと高いノルマを与えられつづけると、いいかげんにしてくれ！　とストライキを起こしかねない。けれども逆に休暇を与えると、ちゃんとわかってるじゃないのー、と体がモチベーションを保ち、次の目標へ向かう気になる。このダウンウィークこそが距離を延ばした成果を体に定着させるチャンスなのだ。ダウンウィーク中は、たとえ走り足りなくても距離を延ばしてはいけない。仮に走ったとしても軽いラン程度にしておくこと。そのエネルギーを、新しいレベルの設定距離に進むときのために取っておこう。

ダウンウィークが終わったら、以後数週間を元の40㎞でキープしてもいいし、あるいは45㎞にアップするなど、もう一段階距離を延ばしてもいい。いずれにしても新しい設定距離にチャレンジする前にはかならずダウンウィークを入れること。このように負荷とリカバリーを繰り返しながら、自分の体と心がベストだと思える走行距離レベルに達するまでつづけるのだ。

24 設定距離にムリがあるとき

距離を延ばしていく過程で、きっとそれまでに感じたことのなかった疲れに気づくだろう。足が重く感じたり、少し呼吸が苦しくなるかもしれない。いいリズムで走ることができていると感じるまで、もう少し時間がかかるはずだ。そして走っていない時間に少々のだるさを感じたり、食欲が増したり、逆に減退したりするかもしれない。でも、心配することはない。これらの兆候は正常なもので、極端に走行距離を増やしさえしなければそのうち治まる。注意しなければならないのは以下のケースで、この場合あなたは自分の許容範囲を超えた距離を設定してしまっている。

・足や腰に、一般的な痛みやつっぱり感とは異なる違和感があるとき
・パフォーマンスに急激な低下が見られる場合（著しいタイム低下）
・日常生活に支障があるほどの体調不良

ランニング以外の要因がなくこういった症状がつづく場合、それは走行距離の増加に起因している可能性がある。その症状が治まるまで、いったん以前の走行距離に戻してほしい。そしてその後、体調が戻ったら以前の距離と増やし過ぎた距離の間に、新たな目標を設定するのだ。

25 日常生活との折り合い

可能な限り、走行距離を増やすのは、家庭や職場の状況が安定しているときにしよう。そうではない状況で体に新たな負荷を追加するのは得策ではない。ランニングと仕事は別物だと思うかもしれないが、体は一つで心も一つだ。走るという肉体的負荷に精神的なストレスを払拭する力があることは確かだが、負荷を増大させるタイミングではない。

長距離走でロング走って当たり前（笑）

26　ロング走を愛する

週に1回、長い距離を走ることは、走行距離と体力を同時にアップさせるための素晴らしい方法だ。体力アップは必然的に持久力へとつながり、ランニング全般へ好影響を与える。ロング走でその週をスタートすると、その週の残りの距離がぐっと減り、週間目標を達成するためのモチベーション向上につながるというおまけもついてくる。

ロング走の最大のメリットは、ランナーの筋肉組織に変化をもたらすことだ。酸素を筋肉に送り込み、老廃物を筋肉から排出するシステムが大幅に改善されるのである。また、疲労に強くなることで、普段のランニングが楽に感じるというメリットもある。週1回、たとえば週末の2時間のランに慣れていれば、ストレスの多いウィークデーに45分のランニングをするのは簡単なことになる。

27　ロング走ってどのくらいの距離？

距離が長ければ長いほど良いわけではない。ほぼ毎日走る人なら、ロング走は1週間の総距離の20%〜30%の間が望ましい。つまり、週に65㎞走るなら、13〜20㎞となる。

もう一つの目安は、ロング走の長さをその週の総距離の3分の1以上にすることだ。特にこの目安は週に数日、それほどハードに走らない人に有効だ。たとえば週4日、それぞれ8㎞走っているなら、そのうちの1日を11㎞以上にするというわけだ。週に走る総距離を増やしたくないのであれば、他の日の距離を減らしても構わない。走る距離を変えることで、増分の負荷に対して体を慣れさせるのだ。

28 マラソン初挑戦者にありがちな失敗

その週の最長ランニングの距離が、他の日を合計した距離の2倍以上になると、それは長過ぎる。じつは初めてマラソンに挑戦する多くの人がこれで失敗している。普段、体が慣れている負荷に対してロング走の距離が長過ぎるため、疲労が回復しないのである。その結果、残りの日のランが形ばかりのジョグになってしまったり、あるいは走ることができなくなってしまう。これでは本末転倒だ。疲れがなかなか取れないから、効果的な回復方法やクールダウン法はないかと質問してくる人がいるが、質問自体がまちがっている。回復できないほど長く走り過ぎているのである。まずは各回の距離を増やすことから始めて、体がその負荷に慣れてきたところで、週間総距離の3分の1程度のロング走をしてみよう。ランナーは長い距離を走るのだから、トレーニング期間も長い目で見なければならない。

29　ロング走をさらに長くする方法

ロング走の距離を延ばすには、１回につき2～３㎞を2回つづけて増やす。したがって2回目は元の距離よりも４㎞～６㎞長い。そして3回目には1回前の距離（２㎞～3㎞長くした回）に戻す。つまり、現在のロング走の距離が20㎞なら、次のランニングは22㎞に、その次は24㎞、そしてその次はいったん22㎞に戻すのだ。

ここまで私のアドバイスを丁寧に読んできてくれた読者の皆さんはきっと気づいてくれただろうが、ロング走でも日常のランでも、要は増加一方の負荷ではなく、いったんレベルを元に戻して、体に調整の時間を与えることが肝心なのである。多くのランナーがストレートに徐々に距離を延ばしていくが、それをやっていると長くはつづかない。あなただって、仕事量が少ない日に多少のんびりしないと、翌日の仕事がイヤになるでしょ？

30　いつロング走をすればいいのか？

いつでもいい！　週末のロング走はトレーニング・プログラムの定番だが、火曜日の朝や木曜日の夕方にロング走をしてはいけないという理由はどこにもない。普通に仕事をしている人なら週末が一番時間を取りやすいだろうが、7日ごとにロング走をしなければならないわけではない。人によっては5日間を1クールにしたトレーニング・サイクルの方が向いている人もいるだろう。

そんな人は素直にロング走の回数を増やせばいい。あるいは、週末しか時間がないけれども、毎週末ロング走をするのは、体にも日常生活にも負担が大き過ぎるという人もいるだろう。それなら1週おきに走ればいい。やらないよりもやった方がいいことはまちがいないのだ。月に2～3回のロング走ができれば、持久力を大幅にアップさせるために十分な刺激を体が受け取っていることになる。

31 走る場所

可能な限り、ロング走は気持ちのいいルートで走ろう。ストレスの多い仕事の後に近所を走るルーティンは悪くないが、ロング走は気持ちがゆったりできる時間帯を使って、楽しい体験にするようにしたい。いつもより遠くまで走るのだから、普段あまり行かないような場所を探検することで新鮮な気持ちになれる。

ランナーは車を使いたがらないものだが、走るために特定の場所まで車で行くことに罪悪感を感じる必要はない。トレイルや大きな公園のような木々に囲まれた場所でのロング走は、脳が錯覚して距離を短く感じる。また、未舗装路はアスファルトの路面よりもクッション性があるので足への負担が少なく、疲労回復までの時間が短くなる。

そして、ロング走には坂道を入れるようにしたい。坂を上るという余分な労力が、長距離を走る体を作るのだ。さらに、上り下りでフォームが少し変わることで、足の筋肉にかかる負荷が分散され、疲労を感じるまでの時間を稼ぐことができる。フラットなコースでのロング走は一見楽なように思えるが、終始同じフォームで走ることになり、変化に富んだコースよりもかえって早くきつくなってしまうのだ。

32　コースの選定

ロング走を楽しいものにするためには、コースの選定が思いのほか重要だ。かつ、できることなら他の要素も取り入れて、ロング走の日が待ち遠しくなるくらいにしたい。一番手っ取り早いのは、ラン友と一緒に走ってイベント化することだ。走り終わった後にカフェに行ったり、マッサージに行ったり、日帰り温泉に行ったりと、楽しいアフターランを用意してあげれば、体も大喜びするはずだ。普段、あなたの心と体の主役は仕事や生活で、ランニングはあくまでも脇役だ。たまにはロング走でランニングを主役に抜擢《ばってき》してあげよう。ひょっとするとマラソンレースでアカデミー賞を取ってくれるかもしれない（笑）。

33　楽に走るのがロング走

もし、楽に走ることができるランニングがあるとすれば、それはロング走だ。意外かもしれないが、これは事実である。ロング走の終盤にペースを落とさなければならなくなったり、途中で切り上げたりするのは、ほとんどの場合、前半を早く走り過ぎているからだ。

走り始めて15分経ったら、その時点で最後まで維持できると思えるペース以下で走るべきだ。

絶対に、「苦しくなったときにペースを落とせばいい」と考えてはいけない。残り数キロになって、もしペースを上げられる余力があったら、そのときこそが速く走るチャンスだ。ロング走の後半でヘロヘロになってしまい、我慢して走りつづけることほど不快なことはない。

ロング走がマラソンレース前の短期的な準備でない限り、終始リラックスして会話ができる程度のペースを保ちたい。課題は単純で、距離をカバーすることだけなのだ。長い距離を走ることで得られる生理学的なメリットは大きい。マラソンを走るときのように、1㎞ごとの所要時間をベースにトレーニングを組み立てたければ、レースペースより1・5㎞当たり1分程度遅いタイムで設定してみるといい。

34　中断するとき

「今日はちょっと調子が出ない」、「キツ過ぎ！」、「うーん、途中で切り上げようかな」。ロング走の途中でそう思ったことのない人はいない。安心してほしい。ランナーである限り誰もが経験することだ。一度経験すれば二度と同じことは起こらない、といったワクチンのように効果的なものもない。

体のどこかに急性の痛みがあり、走るにつれて悪化する場合は中止する。風邪などの軽い症状がある状態で走り始め、走っているうちに悪化してきた場合も中止する。自宅から10㎞地点でこのようなことが起こった場合、昔は一大事だったが、今時はスマホのアプリでタクシーを呼べばいい。こういった具体的な体の不調によるものであれば、決断は早いに越したことはない。

その他のケースは判断が難しい。もし「うまく走れない」のが、単に気分が乗らないだけで、体力的には問題ないという状況であれば、最後まで走り切るべきだ。ロング走の課題は長い距離を走ることだけだが、長い距離を走り切るためには、体同様メンタルの強さが重要になってくる。我慢することを学ばないとならない。精神的な理由で切り上げると、次も同じ決断をしやすくなる。精神的につらいときは、ランを細かく区切って乗り切ろう。まだ1時間あるという事実を脇に置き、次の10分、その次の10分に集中する。友人と一緒に走っているなら、彼女や彼の好きなことを聞いてみよう。意外な話が出てくるかもしれないし、話を聞いている間に、あなたはゴールに近づいている。フォームが崩れてきたと感じたら立ち止まっても構わないし、ストレッチするのも効果的だ。それからまたゆっくりと走り出す。あるいは少しだけ速く走ることで、より良いフォームで走れるようになることもあるから、いろいろと試してみるといい。1分間ペースを上げ、数分間戻し、また1分間ペースを上げてみる。

体が本当に疲れていて、最初の1時間で状況が改善されない場合も我慢して走ろう。ただし、その日のうちにしっかりとした回復時間が必要であることは自覚しておくこと。走り終わった後に、別のイベントや大切な用事などがある場合は潔く損切りして、別の日に投資した方がいいかもしれない。

もし、最後の数キロでペースを大幅に落とさざるを得なくなったら、ともかく最後まで走り切る。次のロング走では事前にもっと多くのエネルギーを摂取し、もっと遅いペースでスタートする計画を立てよう。

ロング走前後の留意点

35 ごちそうはいらない

ほとんどの人は、ロング走のために特別にカロリーを摂取する必要はない。ロング走の目的の一つは、筋肉に蓄えられているグリコーゲンを少しばかり枯渇させることである。そうするとグリコーゲンの燃焼効率がよくなるのだ。長距離を走ってグリコーゲンが減ると、体はそれを貯蔵しておく必要性に気づく。その結果、次にロング走をするときのガソリンタンクを大きくしようとするのだ。このような適応はロング走だけでなく、すべてのランであなたをよりタフなランナーにする。

近年多くのランナーが採用している数キロごとにカロリーを摂取する方法だと、こうした適応はなかなか起こらない。ランの間中ゼリーパックやエナジーバーを飲み食べつづけることは、長い目で見ると、グリコーゲンの貯蔵能力を高めるために大切な機会損失をしている。

スポーツドリンクを飲んだり、ジェルやバーを食べたりしないとロング走を乗り切れないと感じるなら、それは現在の体力に対して距離が長過ぎるということだ。走りながらカロリーを摂取しなくてもパフォーマンスが落ちないようにしないと、いつまで経っても体は成長しない。

36　栄養補給

ロング走のための本格的な燃料補給は、ランニング中ではなく前日におこなう。ガソリンを満タンにしてロング走を始めるようにしよう。炭水化物の多い夕食が効果的だ。炭水化物の代謝には食べたものを蓄えるための水分が必要なので、寝る前に十分な水分補給をしておくこと。

朝一番でロング走をする場合は、走る直前にどんなものを食べれば胃に負担をかけずに走れるか、いろいろと試してみよう。寝ている間に減ってしまった肝臓や脳のグリコーゲンを補給するためには、たとえばトースト1枚とバナナ1本のような組み合わせがいい。血糖値を上げて、エネルギッシュな気分で走り出せるようにしよう。そして、走る前にかならずコップ2杯は水を飲もう。ロング走のラスト30分で体が感謝してくれるはずだ。

37　チャンスとリスク

カロリー補給をこまめにしなくてはならないのはロング走の最中ではなく、走り終わった後だ。ロング走直後の最初の30分間は、筋肉が補給を受け入れやすい時間帯だ。グリコーゲンの再合成は、この回復時間帯に通常の3倍の速度でおこなわれる。これを過ぎると効率が悪くなってくるが、それでも90分間は通常よりも高効率の状態だ。この高速の再合成が可能な時間帯にカロリー補給を開始するチャンスを逃してはならない。このような適応を引き起こすことがロング走をする主な理由の一つなのだから。

そして補給を始めるのが早ければ早いほど、回復も早くなる。走り終わったときの達成感で後のことはどうにかなると思いがちだが、日曜のロング走の補給遅れが火曜のあなたを不幸にする。それどころか、走行後の栄養補給を怠っていると、その日のうちに疲れてしまうことがままある。その後の2、3日間で、自分が思っている以上に疲れていることに気づき、最悪の場合、ランニングへの熱意が下がってしまうかもしれない。さらにはロング走の翌日に体のどこかに痛みを感じる可能性も高くなる。

38 走り終わった後が重要

まず最初にやるべきことは、何はともあれ水分を補給することだ。ラン直後の胃が耐えられるなら、サンドウィッチなどを食べると非常に効果的だ。炭水化物とタンパク質の比率を4対1にするとグリコーゲンの再合成が進むことを覚えておこう。胃がもたれやすい人はスポーツドリンクを飲んで、ゴール後の重要な30分間に200~300キロカロリーを摂取するようにしたい。そして、2時間以内に炭水化物を多く含む食事を取り、一日中水分補給をつづけよう。ロング走の数時間後に元気が出ないと感じたなら、それはまだ脱水症状が残っているからだし、頭痛も脱水症状のシグナルだ。

筋肉組織の修復を助けるために、夕食には良質なタンパク源を摂取するようにしよう。また、走った日の夕食に赤ワインやビールを一杯飲むと、ぐっすり眠ることができて回復が早まるという人も多い。ただし、くれぐれもアルコールを水分補給代わりにしないこと！

39 リカバリー

ロング走から体を適切に回復させるには、食べること以外にも重要なことがある。走り終えて30分以内に水分補給と栄養補給をしている間に、疲労が激しい（硬くなった）部位のストレッチをする。ハムストリングス、ヒップ、腰などだ。車を運転して家に戻る場合は、特に念入りにしてほしい。距離にもよるが、車を使った場合は家に帰ってからもさらに軽いストレッチが必要となる。同じ姿勢を取りつづけるために、筋肉が硬く凝り固まってしまうからだ。

当日中により長く、より徹底したストレッチをおこなえば、回復を早めることができる。走り終えた直後だけでなく、数時間後に10分～15分ほどおこなえば血流が良くなり、翌日の疲労感や倦怠《けんたい》感が軽減される。朝走って、昼過ぎに散歩をするのも同じ目的だ。このようなちょっとしたプラスアルファは、その時点ではあまりちがいを感じないかもしれないが、数日後には大きな差となって現れる。そうすれば、いつものトレーニングのリズムを崩すことなく次のランに向かうことができる。

40 持久力の倍返し

ウルトラマラソンのトレーニングでは、ロング走を連日おこなうことで持久力を大幅にアップさせるという裏技がある。次項で紹介する1日2回のラン同様、このアイディアはそれほどクレージーではない。回復日を何日か設ける必要があるが、ロング走を連続しておこなうことで平均以上の持久力アップが期待できる。

10年前、私はメリーランド州の運河沿いを月曜日から1週間かけて毎日走った。1日当たりの距離は35㎞前後のロング走だった。最初の2、3日で慣れたので、4日目以降は苦にならなかった。翌日もまたロング走をしなければならないとわかっているので走り過ぎを防げたし、その後の回復を最適化するために、ストレッチや栄養補給を面倒くさがらずに丁寧にやることができた。6日目と7日目の週末は明らかに体が鍛えられたという感覚があった。

ただし、連続したロング走はマラソンレース前におこなってはいけない。マラソンのトレーニングをするなら、レースよりも数カ月から1カ月間に2回程度、連続してロング走をしよう。ペースは極力遅くして、とにかく距離をこなすことに集中するのだ。レースの日が近づいてきたら、ロング走は週に1回に戻さなくてはならない。

ランニングのダブルヘッダー

41　2部練とは

ほとんどのエリートランナーは1日2回走る。これはそれほどクレージーな練習方法ではない。1日2回走る（通称2部練）ことは、走行距離を増やすための効率的な方法だ。というのは、じつは1回当たりの距離を長くするよりも、こまめに距離を延ばす方が体への負担が少ないのだ。1回当たりの距離を増やすということは、やや乱暴に言ってしまえば、疲労も増すことを意味する。疲労するとフォームが崩れがちだし、これは避けなければならない。しかし、1回のランを2回に分ければ、負荷を分散させることができるため疲労が少なく、2回とも最後まで良いフォームで走ることが可能となる。もしあなたが1時間以上走る日が多いなら、そのうちの何日かを2回に分けることで、よりフレッシュな状態で走ることができるから、試してみるといい。

42　2部練への対応

2部練についてまず考えなければならないのは、時間的な要素である。15㎞のランを、6㎞と9㎞の2回に分けておこなう場合、前後の準備やクールダウンも2回必要となる。したがって15

㎞のランを1回だけするよりも合計時間が長くなる。だから、もしあなたがすでに1日1回のランニングの時間を確保するのに苦労しているのなら2部練は忘れてほしい。

しかし週に2、3日、時間が確保できるというなら、2部練が自分に合うかどうか試してみよう。まずは、もっともハードなトレーニングをする日に、ごくごく短いランを加えることから始める。ジョグ程度でもいい。2回走るという、それまでにない習慣に慣れれば（数週間もかからないはずだ）、ハードなトレーニング中でも気分が良くなり、速く走れるようになる。また、血流が良くなることで、筋肉に栄養が行き渡り、体が全体的にほぐれる。

あるいは逆に、運動量の少ない日に2本目のランを加えてもいい。たとえば、12㎞を1本走る代わりに、5㎞と7㎞に分けて走るのだ。ちなみに2部練は距離を単純に半分にせず、どちらか一方をより長く設定すると効果が出やすい。熱意とスケジュールが許す限り、他の日にも追加してみるといい。ただしロング走の日には避けよう（そもそも走る気にならないとは思うが）。ロング走には長い時間をかけて長い距離を走るという目的がある。その目的を阻害する要因は排除しなくてはならない。

43　回復力の向上

2部練を始めたばかりの頃は、走った日に少し疲れを感じるだろう。しかし、少しずつ追加していくと、ある日、疲労回復が早くなっていることに気づくはずだ。24時間後ではなく、6、7時間後にまた走ることに体が慣れるのだ。簡単に言うと、「回復力」が向上する。回復力が高まれば、ハードなトレーニングをしても疲れが残らない。

44　楽な日に2部練？

20年前、私にとってロング走の翌日は1週間のうちでもっとも2部練が辛い日だった。ところが40代半ばの今、それが逆転した。倍にすることに慣れてしまったので、30～40分ずつ2回に分けて走ったほうが、一度に同じ距離を走るよりもその日の疲労が小さいのだ。それどころか、ハードなトレーニングの後に4㎞と8㎞のランをすると、その日に10㎞を1回走るよりも疲労が小さい。

どんなにがんばっても人間は生物だから年齢には勝てない。気合で若返ることはできないのだ。年を取って基礎体力が衰えた結果として、短い距離を2回走るよりも、その倍の距離を1回走ったほうがエネルギーをより多く消費するようになるのだ。同じ距離を走っても、以前よりも時間がかかるようになり、終盤には疲労のためにフォームが崩れ始める。その結果、その日は前日のロング走から回復するどころか、さらに疲れがたまってしまう。高齢の方が今この本を読んでいるのであれば、2部練を試してみてほしい。1日に2回走るなんて、いかにも若者っぽい練習方法のように思えるだろうが、じつは逆なのである。

もっと長く走るためのラストヒント

45 3歩進んで、2歩下がる

以前、私のトレーニングパートナーがやる気を失い、週に120km以上走っていたのを半分に減らしてしまった。それから数年経った頃、彼は元の距離に戻ってきた。そんな時期に彼が言った、「走る量を増やすより、減らす方が大変だった」という言葉が印象に残っている。

より多く走るようになると、体力はある閾値《しきい》を通過する。以前は15km走るのが大変だったのが普通になる。すると、体は以前と同じ負荷を求め始める。つまり、もっと長い距離を走らないと収まりがつかなくなるのだ。逆に距離を減らすと体は欲求不満状態に陥って、その分だけ速く走りたがるようになり、結果的にリズムとフォームが崩れる。距離を減らしたのだからもっと楽になっていいはずなのに、その実感がないから、体はともかくメンタル的に厳しいのだ。短い距離より長い距離の方が走りやすいという感覚を味わったことがないのなら、あなたのランニングはまだまだ発展途上だから、安心して距離を増やしていっていい。ただ、これまで説明してきたように、距離を延ばすためには3歩進んで2歩下がるような、行ったり来たりが重要だ。体に十分な休息を与えながら、徐々に新基準に慣れさせていこう。

パートII　もっと速く

——速く走るための63のヒント

「もっと速くなりたいなー」

ですよね？　大半のランナーがそう思うということは、たぶん、それがランニングというスポーツの本質だからである。速く走りたがるのはランナーという人種の宿命なのだ。

日頃のトレーニングで、何をどうすれば速く走ることができるようになるかを知りたい。レースの前後に何をすれば、当日に速く走ることができるかを知りたい。そう思っている人にとって、この章のヒントが大いなる助言になると信じている。

速く走るための主なトレーニング、そのトレーニングをルーティンのランニングに組み入れる最適な方法、自分の体力を最大限に生かすためのレース方法、速く走るためのメンタル面などについて、わかりやすく書いたつもりだ。まずは、なぜすべてのランナーが定期的に速く走る練習をするべきなのか、というあたりから説明しよう。

遅く走りたい人はいない

46 幸福なランナー

ランナーにとって、「ペースを変えて走る」ことは当たり前のことだ。ペースを変えても問題なく走ることができれば、幅広い状況に対応することができるようになる。マラソンに参加するランナーを待ち受けているのは、42・195㎞という長い距離の間に発生するさまざまな障害を一つ一つクリアしていくためのフレキシビリティなのだ。

私がマルチペース・トレーニングと呼んでいる手法は、さまざまな状況に対応できる柔軟なランナーになるためのものだ。いろいろなペースでトレーニングをしない人が「本物のランナー」ではないと言うつもりはない。毎日、同じ距離を同じペースで走ることで満足のいくランニングライフを送っている人にとっては、それが理想型なのであって、そういう幸福なランナーに向かってケチをつけるつもりもない。そもそも人の幸福は走ることだけではない、と思う(汗)。私自身は、走っているときにもっとも幸福を感じてはいるとしても、ビールをおいしく飲むために我慢して走っている人もいる。とはいえ、速く走りたい。サブフォー、サブスリーを目指したい、というランナーにはそれなりのトレーニング方法がある。

47　マルチペース・トレーニング

ランニングを面白くするためには、トレーニングを通して「強度」と「時間」の山と谷を織り交ぜることが効果的だ。多面的なトレーニングによって、ランニングを単調なルーティンから救い出し、ゲーム的な面白みを加えるのだ。それを私はマルチペース・トレーニングと呼んでいる。

ロング走やスピード練習、ゆっくりとしたリカバリー走やテンポ走（71ページ・56）まで、さまざまな種類のトレーニングを定期的におこなうことで毎日が変化する。その変化はメンタルと体の両方にプラスに働く。日曜日にロング走をしたら、月曜日はゆっくり短めの距離を走る。火曜日はハードなトレーニング、水曜日はリカバリーの日。木曜日は中程度の負荷で走り、金曜日はテンポ走。そして土曜日はイージー・デイでリラックスして1週間を締めくくり、日曜日のロング走に備える。

これはあくまでもサンプルで、一人一人に最適な組み合わせがあるはずだ。重要なのは、毎日が前の日と同じではないことで、この変化がモチベーションを維持させるのだ。

48　私たちは皆、誰かより遅い

速く走ることができないからといって、自分を卑下しても何も得るものはない。「こんなに遅いんじゃ、走る意味なんてないな」などと考えるのはバカげている。１０００ｍ走の世界大会で周回遅れの選手を見て、あの選手には走る意味はない、と思うだろうか?

あなたより速い人はたくさんいる。私より速い人も絶望的にたくさんいる。その事実は、あなたや私が速くなるための努力や、その意味を損なうものではない。ほんとうに重要なのはあなたの努力であり、その努力の結果ではないのだ。

49 トレーニングはパズルの1ピース

速くなるための具体的なワークアウトを紹介する前に、もう一つだけ観念的な話をしておこうか。マイル走の米国最年長、最速記録を持つピート・マギルは、「ランニングに近道は存在しない」と言った。トレーニングとは、1日、1週間、1カ月と努力を次の日につなげるためのパズルの1ピースで、一つずつ着実に組み上げていく他に、全体を完成させる手段はない、ということだ。「そうだ、来週はマラソンだから、今日はトラックに行って、できるだけ速く走る練習をすることにしよう」というような単純な思いつきではなく、より計画的なトレーニングが必要とされる。レースペース以上のハードなトレーニングが必要なことがあったとしても、それはあくまでも長期間におこなう多くのトレーニングの一つに過ぎない。肉体的にも精神的にも、非計画的かつ突発的なトレーニングは百害あって一利なしである。

速く走るためのトレーニング方法

50 すべてをおこなう必要はない

次項から、速く走るためのトレーニングをいくつか紹介する。いくつかというのは、あまり単純化しないほうがいいという私の経験に基づいている。かならずしもすべてをおこなう必要はなく、自分に合った方法だけを選んでもまったく問題はない。また、世界最高のランナーがおこなっているトレーニングも紹介する。それらはパフォーマンスを向上させるための各要素に対して、もっとも効果を上げるために開発されたものだ。より優れたランナーになるためには、まずはこれらのトレーニングがなぜ必要なのかを理解し、現実的に実行する方法を学ぼう。

51 流し（ストライダー）

すべてのランナーは流しをやるべきだ。そう、あなたを含めて。流しとは、簡単に言えば全力疾走をしない100m走である。いつもどおりのラン（軽めのイージーランが望ましい）をした後にフラットな場所で、800mを苦しくない程度で走ることができるペースで100mだけ走る。セッションとしては10本（合計1000m）前後が標準的な1セットだが、次から次へと立てつづけに走ろうとしないように。次の流しをリラックスした良いフォームで走れるように、好きなだけリカバリーを挟むことが重要だ。

流しで重要なのは、必死で走らないことである。流しとは速く走るための基礎トレーニングではあるが、速さと同時に「無理なく、リラックスして」走ることを学ぶことである。１００ｍはとても短い。全力疾走しなければ、息が上がってしまうことはないはずだ。

流しはランニングに特化した脚力を鍛え、イージーランや中程度の距離をより楽に走るようにするためのもので、スムーズなフォームを身につけることにも役立つ。また、レースでスパートをする際、あるいは他のランナーのスパートについていくためにも重要な練習だ。

流しは、街路をストライダーに乗って颯爽《さっそう》と通り過ぎる子供たちのように、気分よく走ろう。アメリカの１０００ｍ記録保持者、クリス・ソリンスキーは、このトレーニングをよくやると言っていた。週に１、２回流しをやれば、１カ月以内にほとんどのランで調子が上がることを保証する。

52　ダイアゴナル

ダイアゴナルは、流しを体系的なトレーニングに組み込んだ、ケニア発のトレーニング方法である。ダイアゴナルという名称は、長方形のフィールドでおこなうことに由来する。長方形の一つのコーナーから対角線上の反対コーナーまでを速く走り、次に長方形の短辺を軽くジョグし、次のコーナーではまた対角線上に速く走る。これを繰り返す。流しと同様に対角線上の距離は

100mで、走る速度は全力疾走ではなく、800mを維持できるだろう速度で走るところも同じだ。短辺側のジョグの長さは距離ではなく、時間で決める。対角線上を走った時間とちょうど同じだけの時間だ。したがって、対角線上を走った速度が速ければ速いほど、ジョグの距離は短くなる。

流しとのちがいは、100m走った後のリカバリー時に走らないかジョグするかだが、1セットのカウントの方法もちがう。流しが10回で1セットとするなら、ダイアゴナルは回数ではなく、走ったトータル時間（速く走った時間とジョグ時間の合計）でおこなう。人にもよるが、一般的な速度であれば10分間のダイアゴナルが標準的な流しの1セット分に相当するだろう。20分～30分走ればなかなかの負荷となり、40分走るとハードトレーニングのカテゴリーとなるだろう。ダイアゴナルは流しとちがって、いつものランをこなした後にやる追加トレーニングではなく、これ自体が主体となる。

ダイアゴナル・セッションがどれだけ長くても、速く、しかもリラックスして走ることがもっとも重要であることに変わりはない。速い対角線部分を良いフォームで走るためには、疲れ過ぎてしまっては効果は得られない。

53 ビルドアップ

イージーランをしてから流しをおこなう手順を簡略化して、イージーランの最後の部分に流しを取り入れる方法がビルドアップだ。

たとえば10㎞のランであれば、残りが数キロになったところで30秒の流しペースの走りと90秒のイージーランを交互におこなう。それを10回前後、家に到着するまで繰り返すのだ。短い距離を速く走ったり、次のビルドアップを無理なく良いフォームで走る準備が整うまでジョグで回復したりと、いろいろと調整してみるといい。

54 ショート・インターバル

流しやビルドアップにつづく、より速く走るための練習方法は「インターバル」である。１６００ｍを走るペースで、60〜90秒間走る短時間のランだ。ポイントはランニング・エコノミー、つまり一定のスピードでの効率性（酸素消費量）を向上させることである

伝統的にこのトレーニングは、４００ｍトラックを1周するということになっているが、４００ｍという距離に特別な意味はない。重要なのは60秒〜90秒という時間である。その強度はおおよそマイルレース（トラック4周）のペースとなる。標準的なランニング・エコノミー（エネルギー消費量）のトレーニングは、４００ｍを10回、もしくは３００ｍを12回繰り返すなど、

合計でトラック8周から12周分を走るハードなランニングとなる。

このショート・インターバルは体に負荷がかかる。適切な強度レベルですべてをこなすには、60～90秒を走った後に、毎回リカバリー・ジョグが必要となる。そのジョグは高速で走った時間と同じくらい走るのが適切だが、半分程度でも問題ない。

55 VO_2MAXトレーニング

プレッシャーに負けない人のことを『あの人は強心臓の持ち主だ』と表現することはあるが、ランニング界では、効率よく血液を筋肉に送り込む心臓を持っている人のことをいう。で、血液を送り出す心臓のポンプ能力を向上させるための方法が、VO_2MAXトレーニングで、ハードなワークアウトというと、多くのランナーが思い浮かべるのがこの方法である。

典型的なVO_2MAXトレーニングにはいくつかの指標があるが、基本的には3～6分間、3～5㎞を走るペースを維持する。これは、ほぼ5000ｍ走の標準ペースだ。

具体的に言うと、800ｍを6回、あるいは1200ｍを5回で1セットを目安に目標を設定するといい。その後のリカバリー・ジョグはトレーニング時間の半分から、最大で同じくらいの時間を使う。たとえば800ｍをトラックで6回繰り返すならば、2周（800ｍ）走り終わったら、次の1周（400ｍ）でジョグするのが一般的だ。1・5㎞を超える長い距離を繰り返す場合は、次の1・5㎞を適切なペースで走れるように、1周半のジョグが必要となるだろう。

56　短いテンポ走

ランナーの数だけ「テンポ走」の定義がある。ここで私が言う「テンポ走」とは、ハーフマラソンを走ることのできるペースで20〜30分のランニングをすることだ。しばしば「(乳酸)閾値走」と呼ばれるこのトレーニングは、有酸素代謝の副産物である乳酸を排出する能力を向上させるためのものである。車がガソリンを燃焼させて走るように、ランニングでは体の中に蓄積した糖と脂肪を燃焼させる。車が排気ガスを出すように、人間は乳酸を排出する。で、問題は血中の乳酸濃度が高くなったときに、体が自動的にペースを落とす指示を出してしまうことだ。それ以上ムリに走るとエンストを起こしてしまうからである。

ハーフマラソンを走るペースは人によってちがうが、ここで求める努力レベルは伝説のコーチ、ジャック・ダニエルズが言うところの「快適なハードさ」である。ペースを維持するために集中しなければならないが、会話ができる程度のハードさが適切だ。この「快適なハードさ」という負荷強度を維持したトレーニングをつづけることで、血中の乳酸濃度の閾値を上げることができる。車の世界では、ハイブリッドや電気自動車全盛の時代だが、人間の体用に新しい駆動方式が開発されたという話は聞かない。当面の間（たぶん10万年以上は）、昔ながらのエンジンで走るしかないだろう。ランナーにできることは、今体に乗せている1000CCのエンジンを2000CCのエンジンにアップグレードすることだ。残念ながら新エンジンはお金を出しても買えない。あなたがやるべきは、この短いテンポ走なのである。

57　長いテンポ走

より速く走るための具体的なトレーニング方法の最後は、2〜3時間は維持できるだろう最速ペースで長い距離を走る方法で、リズム走、もしくはマラソンペース走とも呼ばれるものだ。短いテンポ走の利点に長い距離を組み合わせたもので、足の筋肉が血液中の酸素を利用することができるようになるため、有酸素運動能力が向上する。

長いテンポ走は40分〜80分、距離で言うなら10〜15㎞が最適な長さとなる。通常はロング走の第2セッションとしておこなわれることが多い。

坂の走り方

58　坂を攻める

ランナーは坂道でのハードなトレーニングを定期的におこなうべきだが、なぜか人気がない(笑)。上り坂をハードに走ることで、より多くの筋繊維が動員され、ランニングのための脚力が育成される。したがって、よりさまざまな状況に対応できるようになるし、ルーティンのランニングが楽になる。そしてもちろん、レースで坂に挑むための準備となる。

上り坂を速く走るのは大変なことだ。地球に重力が存在していることを知らない小学生でも、坂道を駆け上がることの大変さは知っている。しかし、「大変だからやらない」という選択が私たちランナーの辞書にあるはずがない。私たちはより長く、より速く走るためなら、悪魔に魂さえ売りかねない危険な種族なのだから。

それなのに、かなり多くのランナーが坂道トレーニングを避ける傾向にある。それは、坂道でのトレーニングを数値化するのが難しいからではないだろうか。トラックで８００mを何度も繰り返せば、目標タイムに達したかどうか、過去と比較してどうかといった点は一目瞭然《いちもくりょうぜん》だが、坂道トレーニングは、そう簡単には比較できない。いつも同じ坂道で同じトレーニングをすることが大前提となってしまうし、たとえ過去のデータと比較できたとしても、その坂道の負荷が、フラットな地面と比較してどの程度なのかを知ることは不可能だ。また、坂道は一生懸命走っても速度が出ないから、精神的にも苦しい。いつもよりノロノロと走っていて気持ちいいランナーなどいるはずがないのだ。結果的に、常にデータによるフィードバックを必要としているランナーの多くが、坂道トレーニングを敬遠する傾向にある。それはわかるが、ランニングは科学がすべてではない。

59　上り坂のランニング・フォーム

上り坂を一生懸命走っていると、最高点まで行くことに集中するあまり、良いフォームで走ることがおろそかになりがちだ。きつい上り坂を走るときは（もちろん、楽な上り坂を走るときもだが）、体のメカニクスに気を配ろう。

「上り坂では体を前傾させる」というアドバイスを聞いたことがあるかもしれなが、単に体を前かがみにしただけでは重力と戦うことになってしまい、逆効果だ。背筋を伸ばし、胸を張り、上半身が膝の方に傾かないようにしなければならない。「背筋を伸ばす」と言うと、棒のように体を一直線に硬直させる人がいるが、腰のカーブをわずかに保ち、ヒップを前に出すことを意識すると、より自然な姿勢になる。私の大学時代のコーチは、この中腰の構え方について「自分の棒を突き出せ」というのが口癖だった（女性ランナーを指導したことはなかったと思う、笑）。肩を低くして上半身をリラックスさせ、坂の頂上に固定されたロープを両手で引き上げるイメージで腕を高めに振る。足裏でしっかりと地面を踏みつけるのではなく、軽く地面に足をタッチさせ、素早く蹴り上げる。そうすればより楽に、より速く頂上に着くことができる。

60 ヒルスプリント：スタンダード

ヒルスプリントは、フォームと基本的なスピードを向上させるという点で、流しに似ている。また、流しと同じようにセッションが短いので、走りやすい日に追加でおこなうことができる。

ヒルスプリントは、できるだけ急な坂を10～15秒間で駆け上るトレーニングで、イタリアの偉大なコーチ、レナート・カノーヴァから伝授された方法である。カノーヴァの言葉を借りれば、「全力、全力、リカバリーを気にせずに、スプリンターのメンタリティでひたすら全力で走る」。リカバリーは、次のスプリント（同じ坂を繰り返し走る）のために坂を歩いて下りることで自動的におこなわれる。リカバリーが足りなければ、坂の下で次のスプリントの準備が整うまで歩き回ってもいい。カノーヴァが指導する世界的なマラソン選手たちも、坂道スプリントの間隔を2～3分は取っている。

このトレーニングは、バーベルの代わりに自分の体重と坂を使ってスクワットをするようなものだ。坂道スプリントは、ランニングに特化した足の筋肉を強化し、爆発的なパワーを増大させる、いいことずくめのトレーニング方法なのである。ヒルスプリントを初めておこなうときは（特にしばらく本格的にスプリントをしていないときは）、ほんの数回にとどめよう。そしてヒルスプリントのトレーニング日数が累計10日になるまで、1日につき1～2回ずつ追加していく。ヒルスプリントは流しの代わりにスケジュールに入れてもいいし、慣れてきたら、ハードなワークアウトの前日にやってもいい。

61 ヒルスプリント：ショートヒル

短くて急な坂道（30秒〜60秒で駆け上がることのできる坂道）でも、基本的なスピードを向上させる方法として流しの代替にすることができる。その30秒のスプリントを15回繰り返す。このトレーニングでは、心肺機能を高めるために、リカバリー時に完全に回復していなくても構わない。素早く効率的なフォームで坂を上ることに集中しよう。最初の数本を全力疾走して、残りを流すようなことはしてはならない。

62 ヒルスプリント：ミディアムヒル

駆け上るのに90秒ほど必要な坂は、エコノミー・ワークアウトに最適だ。勾配は坂道スプリントやショートヒルよりも緩くなければならない。8〜10回を1セットとするのが目安だ。かなり長い坂を上っているのだから、ジョグで下る間に回復する時間も十分にある。坂の下に着いてまだハードに走る準備ができていない場合は、もう少しジョグしよう。適切な強度を保つことは、ずっと息を切らして突っ立っているよりもずっと重要だ。

63　ヒルスプリント：ロングヒル

ここで言うロングヒルとは、上るのに2、3分かかる坂道のことだ。5、6回を1セットにするとVO$_2$MAXトレーニングの多くの目的を果たすことができる。また長い坂のあるレースを控えている場合は、上り坂の持続的な走りに慣れておく必要がある。

長い坂を使ったトレーニングで厄介なのは、じつは上りではなく下りの扱いだ。ジョグで坂の下に戻る頃には、体は完全に回復しているだろう。それはそれでいいのだが、ワークアウト中、心拍数を十分に高く保っておくために上り坂の部分を十分にハードに走る必要がある。さらに、ハードに駆け上って疲れた状態で長い坂を5、6回もジョグすると、足に大きな負担がかかる。つまずいて転ばないように、1歩ごとフォームに気をつけながらジョグで下ろう。

64　ヒルスプリント：トレッドミル

トレッドミルがリアルな坂道より優れているのは、家の中にあるということに尽きる。天気の悪い日でも安全に走ることができるからだ。劣っている点は景色が変わらないこと、環境によっては空気がかならずしも新鮮でないことである。家の中だから油断していたのだろうか、傾斜を高くし過ぎて転倒し、手首を骨折してしまった知人がいる、家の中でも気を抜かないこと！

65 ハイスピード・ダウンヒル

いつもより速いスピードで走ることに慣れるために、重力を利用してはどうだろう。下り坂で流し（ダウンヒル・ストライダー）をおこなうことで、特に高速でリラックスしたピッチ（94ページ・86）を維持する能力を高めることができる。

重要なのは、急坂ではなく、緩やかな下り坂でおこなうことだ。勾配が急過ぎると、平地や上り坂の走り方とフォームが変わってしまうからだ。勾配は1％か2％程度が好ましい。通常の流しと同様、速く、しかしリラックスして走ることに集中しよう。1セット10本のうち最初の2、3本は少し抑えめに走って体を温め、最後の数本はフォームを崩さずにピッチをどれだけ上げられるかを試してみよう。1セットごとに上り坂を軽く歩くかジョグする。週1回の下り坂での流しを1カ月つづけると、ハードなトレーニングでのフォームや、レース終盤のスピードが向上していることに気づくはずだ。

スピードが作るメンタル耐性

66　スピードとメンタル

定期的な高速ランがもたらす精神的なメリットを無視してはならない。速く走るということはすなわち、体にハードな負荷をかけるということだ。こうしたハードトレーニングで自分を追い込むことが、ランニングに余裕をもたらす。特にテンポ走はマラソンを走る上で、先を見通す力を養うために必須のトレーニングだ。

67　リラックス、リラックス、リラックス

ワールドクラスのランナーたちのレースを見ていると、ほとんどのランナーがどんなときでもリラックスしようと努力していることに気づくだろう。一生懸命やっているのだから、もっと緊張をみなぎらせていてもおかしくないのに、まるでトレーニングのときと変わらない表情をして走っている。走っているときに通常とちがう力がかかると、不必要な筋肉の硬直や疲労を引き起こし、より速くゴールにたどり着くためのエネルギーを浪費してしまうからだ。リラックスした状態が維持できなくなると、顔が険しくなったり、不機嫌そうになったり、苦しげに口を開いた

り始める。そうなると集団から離脱するのは時間の問題だ。

速く、しかもリラックスして走ることは、練習すれば誰でもできるようになる。よりハードなトレーニングでは、頻繁に自分の体をチェックしてほしい。たとえば肩が不必要に上がっておらず、低い位置で左右均等になっているか？　手は緩く握っているか？　顔、特にあごに力が入っていないか？

流しは速く、リラックスして走ることを意識するための最適なトレーニングだ。流しの走りの中で歩幅について考えたり、自分の体をどう動かしたときにもっともリラックスできるかをチェックしてみよう。このトレーニングを積み重ねることで、レース終盤のゴールまであと3分の1という厳しい状況下でも、自然に体がもっとも望ましい動きをするようになる。

68　グループのメリット

他のランナーとの交流の必要があるとすれば、それはハードなトレーニングのときだろう。一人、あるいは複数のパートナーとワークアウトをおこなうことで、メンタルの弱いランナーは仲間に引っ張られ、逆に強いランナーは持ち前の競争心でさらにがんばることができる。

仲間がいるとセッションを乗り切ることが精神的に楽になるだけではなく、レース戦術の実習にも役立つ。またハードなセッションで自分を追い込み過ぎる傾向がある人は、他の人と一緒にワークアウトをおこなうことで、より客観的に自分のトレーニングを見ることができる。

69　ワークアウトはレースではない

ワークアウトの目的は、たとえハードなものであっても、目標に向かって「持続的」に体力を向上させることにある。この持続的ということが重要で、そのためには、必要な刺激を与えるには十分だが、その後数日間まともに走れなくなるハードさではないということである。ハードなトレーニングは、あなたの燃料タンクにより多くのガソリンを蓄えたままの状態で終えるべきだ。リピート走をやっているなら、同じペースでもう少し走れる程度、テンポ走なら、同じペースであと3～4㎞走ることのできる余力を残してトレーニングを終えよう。

70　ワークアウトのスケジューリング

良いトレーニング・プログラムは、これまで紹介したさまざまなタイプのトレーニングが定期的に組み込まれたものだ。これらをうまく組み合わせることで、速く走るための重要な要素を効率的に、ムダなく身につけることができる。特定の距離のレースに重点を置くのであれば、ある種類のトレーニング（ハーフマラソンを目指すのであればテンポ走など）に重点を置くのは悪くないが、それでも他のトレーニングを中止することなく、定期的にやりつづけなくてはならない。さまざまな距離でまんべんなく戦えるようにするには、すべてのトレーニングを定期的にローテーションするのが完璧な準備となる。

レースがない週であれば1週間の間に、長めと短めのワークアウト、ロング走と基本的なスピード練習（流し、ビルドアップ、ヒルスプリント、ショートヒルなど）を組み合わせる。ハードなトレーニング計画を立てるときは、1週間ではなく1カ月単位で考えよう。７日サイクルで計画を立てると多くのことを詰め込み過ぎて、ハードなトレーニングの回復日に負荷の強いトレーニングをしてしまいかねない。しかしサイクルを1カ月にすれば、より現実的で、余裕のある計画を立てることができる。

71　いい気分なら、GO!

「いい時間をムダにするな」というのは、オリンピックの５０００ｍ走で優勝し、クロスカントリーで五つの世界タイトルを獲得したケニア人、ジョン・ウグギのアドバイスだ。彼が言いたかったのは、自分で決めたトレーニング・スケジュールに縛られるなということだ。水曜にハードに走るつもりでいたところ、火曜に体がムズムズしてきたら、そのまま走ってしまえばいい。翌日まで待っていたら、走りたいという気持ちが薄れてしまうかもしれない。

　ウグギが「いい時間をムダにするな」と言ったのは彼が20代の頃だが、じつはそのアドバイスは年配のランナーにとってこそ有益である。年齢とともに、日々のエネルギーレベルは七変化するようになり、予測がつかなくなる。予期していないタイミングで活力がみなぎってきたり、逆に元気がなくなったりする。だから自分のやる気に気づいたら、すかさずそれを利用しよう。じつは最近の私のテンポ走の多くも、ウグギのアドバイスに従ったものだ。走り始めて３・５㎞地点で、これから20分、30分とハードに走ることができる気分なのかどうかを自分の体に聞いてみる。

ただし、このアドバイスに従ってはいけない日があることだけは肝に銘じておこう。それは、ハードなワークアウトの翌日だ。この日はどんなにやる気に満ちた最高の気分でも、ペースを緩やかに保ち、自分の気分に従わないこと。

ワークアウトのバリエーション

72　その1：ラダー

同じ距離を繰り返して走るワークアウトの代わりに、短い距離から始めて長くし、また短くする方法をラダー（はしご）と呼んでいる。ラダーは、肉体的にも精神的にもトレーニングに入りやすくする良い方法だ。典型的なトレーニングは、たとえば５０００ｍレースのペースでリピートをおこなう場合、４００ｍを1周した後、次は2周、その次は4周と繰り返し、最後に1周ずつ少なくして４００ｍ１周で終わる。

ラダーの欠点は、距離を短くし始めたラストハーフで精神的に楽になることだ。つまりトレーニングの後半が楽になるわけで、これはレースでの、フィニッシュが近づくにつれて精神的により厳しくなるという状況とは逆だ。なので距離が短くなる最後の2、3回を少し速く走って、すでにかなり疲れている状態でペースを上げる練習をするというオプションもある。

73　その2：速いフィニッシュ

リピートの最後に、速度を早めた２００ｍ、もしくは３００ｍを数回走ってみよう。初めて試みたとき、おそらくは驚くと思う。というのは、思った以上に速く走ることができるのだ。それはつまりリピートによって、十分なウォームアップができているからである。

74　その3：ファルトレク

多くの人はファルトレクを、2分間のリカバリージョグを挟んで2分間のリピートを10回、トラック以外の場所でおこなうような、あらかじめ枠が固定されたワークアウトのことだと思っている。しかしながら、スウェーデン語由来のほんとうの「ファルトレク」は「スピードプレー」の精神にのっとったものであり、固定化されたものではない。思う存分ハードに走り、好きなだけリカバリーし、またハードに走り、ちがう距離をちがうペースで走り、次のランに向かう準備が整うまでジョグし、その日のハードなランニングはもう十分だと感じたらワークアウトをやめる。つまり無計画、自由自在ということだ。

しかし、「じゃあ、オレは毎回ファルトレクでいいや」なんて思わないでほしい。トレーニングの基本は、自分に合った実行可能な計画を立て、それを確実にこなしていくことで持続的に体力を増強していくことにある。ファルトレクは例外である。では、なぜこの例外がトレーニングとして有用かというと、いつハードにプッシュするか、いつ手を引くべきかを判断するタイミングを自分で判断する能力が身につくからである。パートⅠの16に書いたように、電子機器の数値だけで自分の体力を判断する癖から脱却するためには、かなり有効な手段である。

目標にしているペースとマイペース

75 ちょっとだけでもいい

すべての「ハード」ワークアウトをトレーニングに加える必要はない。いつものランニングの終盤に200m~800mのテンポ走をやや速めに繰り返すことだけでも、じわじわと基礎体力を高めることができる。

76 現在のペースと目標のペース

速く走るためのトレーニングのほぼすべてに共通して言えることだが、現在の実力値ペースで走ることが重要だ。言葉を換えれば、現時点の体力で実現不可能なタイムをムリして走るのではなく、適切な強度で走るということだ。「目標ペースでトレーニングをしていれば、いつかそのタイムで走ることができるようになる」のだったら、本書のようなランニング教本なんていらない。目標ペースを可能にするためにトレーニングをしているのであって、そのペースで走ることがトレーニングではないのである。繰り返す。現時点での実力値でトレーニングをおこなうこと。それがあなたの体力を向上させ、結果的にレースでのタイム短縮につながるのだ。ワークアウトでペースを速くするのは、そのペースでレースを走ってからで遅くない。

77 マイペースを死守すること

自分より速い人たちが彼らのトレーニングについて話しているのを聞くと、ついつい自分の普段のトレーニングをレースペースに置き換えることが正しい方法だと思ってしまう。30㎞走の最後の10㎞を1㎞当たり3分10秒で走るというのはとても速く聞こえる。事実速いのだが、男性エリートランナーにとって、このトレーニングは最後の部分をマラソンのレースペースで走るロング走なのだ。これは、マラソンの準備をするほとんどの人が真似できる、そして取り入れるべきトレーニングであるが、数値を彼らに合わせるのではなく、自分のものに変換してからにしないと、トレーニングをした翌日には、ランをやめたくなっているだろう。

トラックの功罪

78 トラック依存症

速く走るハードなトレーニングは、400mトラックを使うといろいろと都合がいい。どれだけの距離をどれだけの速さで走ったかという客観的なデータを取得しやすく、先週や先月の同じワークアウトデータと比較しやすい。

しかし、ハードなトレーニングの大部分をトラックでおこなうことによって、データ、そして電子機器に依存するようになりがちだ。400mごとにスプリットタイムを計測し、必要に応じてペースを調整することは難しくない。しかし、私たちの多くはほとんどのレースをロードで走っている。トラックでのトレーニングが多過ぎると、ロードを走る上で状況を判断するセンスが養われない。レースで頼りになるのは体からのフィードバックなのだ。速く走り過ぎたか？　スタートが遅過ぎないか？　この坂でもう少しプッシュできるか？　このままフィニッシュまで頑張れるか？　こういった自分の疑問に答えるのは電子機器ではなく、あなた自身の体だ。電子機器とデータが走るのではなく、あなたの肉体が走るのだ。

トレーニング・プランを実行していく場合、最初の数回はハードなトレーニングをトラックでおこない、自分の基本的なペースがどのようなものかを知るのは悪くないし、もとより私にはトラックのトレーニングを否定するつもりはない。しつこいようだが、ともかく電子機器とデータに依存してほしくないから、こうして何度も念押ししているのである。

79　レースの路面は選べない

トラックという整い過ぎた環境から離れて、ハードなトレーニングの多くをおこなうもう一つの理由は、レースと同じ条件で練習をする必要があるからである。ロードでのハードなセッションやテンポ走では、平坦な道やコーナー、坂道のアップダウンなど、ロードレースで遭遇するあらゆる要素を加えた状態で走ることになる。また、アスファルトの上を速く走ることで筋肉や腱に負荷がかかる。それもトラックとはちがう大きな点で、アスファルトでハードに走ることがレースで重要な要素になる以上、同じ条件でのトレーニングが必要になるのは当然のことだ。

80　ワークアウトがうまくいかない

日常生活に追われるハードな日もあるだろう。なんとなく走る気にならない日もあるだろう。人生の一大事を前にランニングどころではない日だってあるだろう。ただ、「走ろうか、今日はやめておこうか」とぐずぐずと迷っているくらいなら、走った方がいい。絶対に走るべきでないのは、体に急性の痛みがあるときだ。今日休むと目標タイムを達成できなくなるという焦りはわかるが、ここは潔くやめるシーンだ。ムリして走るとケガを悪化させて、かえって長い期間走れなくなる。

天候のせいでタイムが落ちているなら、気にせずにそのままつづけよう。季節的な要因や気象状況によってタイムが悪くなることを実感することも大切だ。明らかな理由がないのにタイムが落ちている場合にもそのまま続行すること。思うようにいかないからといって、ワークアウトを途中で切り上げる癖をつけてはダメだ。ただしタイムがいつもより大幅に遅いようなら、そのワークアウトは中止すべきだろう。「大幅に」というのは、トラックでいうと1周400mで5秒の差があるような状態だ。これは、疲労が残り過ぎているサインである可能性が高い。それ以上のムリは体にダメージを与えるし、あるいは病気になりかけているのかもしれない。ハードなトレーニングに対応できるようになるまでの休養が必要だ。

81　飽きずに繰り返すために

トレーニングをトラックを離れておこなう理由はもう一つある。それはトラックでは何もかもが明らかになり過ぎるため、どうしても自分との対話の回数が多くなる点だ。目の前の景色も変わらないから、思考が内側に向きがちだ。5㎞を走るペースでの3分間のランニングを6回繰り返すときでも、トラックでおこなうのとロードでおこなうのでは、不思議なほど精神的な負荷がちがってくる。計画したルーティンを繰り返すためには、自分を飽きさせないことが重要で、そうするためには、余分なことを考えさせないように自分を誘導することも重要だ。

ウォームアップとクールダウン

82 良いウォームアップとは?

速く走るトレーニングのためにウォームアップが重要なことは、直感的に理解できるだろう。しかし、どんなウォームアップが最適なのかは、それほどわかりやすくはない。2～5㎞のジョグはまずは最初にやるべきプロセスだが、そのやり方をまちがえてはいけない。このウォームアップ・ジョグは普段以上にゆっくりめにスタートしよう。ジョグが終わるころには、走り出した時よりもスムーズに体が動くようになっているはずだ。

ウォームアップ・ジョグにつづいて、足の振り上げやスキップなどのダイナミック・ストレッチをおこなう。静的なストレッチよりも、これらの動的なストレッチの方が筋肉をハードに動かす準備が整いやすい。その後、100m前後の流しを6回前後おこない、1回ごとに少しずつ速く走るようにする。

そして最後の仕上げだ。本番のワークアウトが2分以上のリピートの場合、最初のリピートのペースで30～60秒走ろう。トラックであれば、そのペースで200mを走るのがわかりやすいだろう。あるいは次に控える本格的なワークアウトの妨げになると思う人がいるかもしれないが、これはワークアウトを適切な強度で走るための準備となる。この長めのウォームアップは、リピートの最初から高速で足を動かすことができるように血流を促すためのものだ。そしてワークアウトの前に、2、3分のウォーキングや、よりダイナミックなストレッチをおこなう。これで準備完了だ。

83 良いクールダウンとは?

ハードなトレーニング後のクールダウンは重要だ。ワークアウトとは、運動をしない状態から軽い運動、よりハードな運動、そして800mの反復のようなもっともハードな運動へと、体に徐々に負荷をかけていく作業だ。そのピークでは、あらゆる体内の順応プロセスが高速で動いている。これをワークアウト終了と同時に、「一丁上がり!」とばかりに何もしない状態に戻してしまうと、体は何が起こっているのかがわからない。車のようにさっさとエンジンを切っておしまいにしてはならないのだ。

ワークアウトで代謝のピークに達した体を徐々に元に戻していくには、まず2㎞前後のジョグをしてから、その後、動的または静的なストレッチをおこなって、酷使した筋肉にゆっくりと血流を送りつづける。こうすれば老廃物の排出と筋肉組織の活性化が止まることなく継続される。

ハードワークアウト周辺のあれこれ

84　運動後の栄養補給

ハードなワークアウトの後は食欲がなくなるのが普通だが、それでも運動後にはできるだけ早く炭水化物を摂取すべきだ。炭水化物を多く含む食品を食べることで、体の回復を加速させて、疲労を引きずらなくなる。ハードなワークアウトの翌日や翌々日に風邪を引いた経験がある人、結構いるんじゃないだろうか。大量にかいた汗が急に引いたせいで、体が冷えたからと思ったかもしれないが、じつはそれは栄養不足がもたらす抵抗力の低下によるものだ。

胃腸にダメージを受けやすい人はムリして食べなくてもいいから、終了後1時間以内に数百キロカロリー分のスポーツドリンクを飲もう。

85　速く走らずに速くなる

走行時の引っかかりなど、弱点を取り除くためのランニングフォームのドリルは、速く走るためにとても役に立つ。それぞれのドリルは、蹴り出しや振り上げた膝の高さなど、良いランニングフォームを形成するプロセスの一つ一つに焦点を当てる。良いフォームを繰り返しつづけると、時間が経つにつれて、改善された動作パターンが普段のストライドに定着する。良いフォームで走ることは、速く走るためだけでなく、ケガのリスクを減らすためにも重要なことだ。

ランニングフォームのドリルを日課に取り入れることによって、力まずに速く走れるようになる。ケガもしなくなる。最高だ。

ワークアウトの組み合わせとしては、流しと同じ日におこなうのは良い選択だが、ただ一つだけ問題があって、自分では自身のフォームがチェックできないことだ。だからどうしてもラン仲間か、できれば良いフォームがどういうものかを知っているベテランや先輩の存在が必要となる。ラン仲間でおこなうハードなトレーニングの前のウォーミングアップの一環としてドリルをつけ加えるというのが現実的な方法かもしれない。

86 ピッチ（ケイデンス）

1分間に足が地面を蹴る回数をピッチ、もしくはケイデンスと言う。遺伝や中枢神経に制御されているので生まれつきの部分もあるが、訓練によって変えることができる。長距離走に完璧なピッチというものはないが、1分間に少なくとも170回まで上げることができれば、より速く、より効率的に、より負担を減らして走ることができる（ピッチの測定には1分間に片足が地面に着く回数を数え、それを2倍するのが簡単だ）。ピッチが170に達しない場合は、意識的に速く地面を蹴るように走る。そのためには、少なくとも週に1回は流しをおこない、自然に歩幅を増やすようにすることが大切だ。また、走った後に足を素早く上下動させると、中枢神経系がより速く働くようになる。つま先を地面から上げずに、その場で10秒間できるだけ速く足を上下させる（立ったまま、高速で両足の貧乏ゆすりをする感じ）。1分間近くを歩き回る。これを2回繰り返す。

87　速く走るためのシューズ

以前だったら、レースに出るならレーシングシューズを買おう、というアドバイスで良かった。足にかかる重さが少なければ酸素消費量が少なくなり、より速く走ることができるからだ。しかしながら、スポーツ科学の進歩とシューズメーカーの熱心な研究開発により、毎年新しい製品が市場に出てくるようになった。厚底シューズの出現により、メーカー間の競争はさらに熾烈《しれつ》さを増しているが、私たち使用者が競争するのはロード上であって、市場ではない。気に入った靴を見つけたら、あまりよそ見をせずにまっすぐ前だけを見て、しばらくは同じ靴を履きつづけよう。

　ランニングをライフワークにしていたとしても、多くの人は走ることで生計を成り立たせているわけではないから、新開発の最先端シューズを履くのは、その評判が定まってからでも遅くはない。そんなことよりも重要なのは、長距離を履きつづけても痛くならない靴を選ぶことだ。走り方、体重のかかり方は千人いれば千種類ある。体型、体重、骨格、足首の太さ、筋肉、指の長さ、爪の大きさなど、世界広しといえども、この世にぴったりあなたと同じ人は一人たりともいないのだ。先輩や仲間が、自分が気に入っているシューズを勧めることもあるだろうし、ショップに行けば新製品を勧められる。けれどもあなたにはあなただけにフィットするシューズがあるのだ。周囲の声はあくまで参考にする程度にしよう。

88　リカバリー日の重要性

エリートランナーとそうではないランナーとで、もっとも大きなちがいがあると思われるのが、リカバリー日に関する認識だ。エリートたちは、ハードなトレーニングの翌日を当日と同じくらいに重要視する。というのは、翌日のリカバリーにこそ、前日のハードなランニングの刺激に対する体の適応が起こり、より高いフィットネスが得られることを知っているからだ。その肝心要の適応日にハード過ぎるトレーニングをすると、準備ができていない体が新たな負荷を拒絶してしまう。だから、リカバリー日は楽に走る程度のイージーランに抑えることが肝心なのだ。ハードワークをハードワークで帳消しにしてしまうなんて、あまりにもったいなさ過ぎる。

89　心拍計の上手な使い方

高速ランを少しでも経験すれば、適切な強度で取り組んでいるかどうかを体の感覚で知ることができるようになる。心拍計は「このペースなら1時間は維持できる」という感覚を補助してくれるものではあるが、ほとんどの人にとって、そんな数値は現実的には役に立たない。

むしろ、ほとんどのランナーにとって心拍計のベストな使い方は、リカバリーの日にスピードを出し過ぎていないかどうかを確認することだろう。毎日をほぼ同じペースで走ることに慣れてくると、心拍数を最大心拍数の70％以下に保って走ることが耐えがたく遅く感じる。しかし、その一見緩やか過ぎるペースこそが、ハードなワークアウトの後に体を回復させるために必要な負荷なのだ。もし、リカバリー日に速く走り過ぎてしまうというありがちな失敗があなたにも当てはまるなら、心拍数モニターをセットして、最大心拍数の70％以上になったらビープ音が鳴るようにしよう。心拍計が鳴ったら、鳴りやむまでペースを落とすのだ。

90　最大心拍数を知る

心拍計を使って、自分の最大心拍数を知る必要がある。220から年齢を引くといった標準的な計算式はゴミのようなものだ。人間全般の平均値に基づいている常識を、年齢も体力も性別もちがうあなた個人に当てはめても意味はない。

自分の最大心拍数を知るには、心拍計を装着してVO$_2$MAXトレーニングを数回おこなう。ワークアウトの終盤に出てくる最高値が、最大心拍数に近いと考えていい。また、上り坂を2分間全速で10回駆け上るワークアウトや、5000ｍをレースペースのマックススピードで走ることでもほぼ正確な数値が得られる。

レースに向けてのアドバイス

91 レース準備のための重要な考え方

レースに耐え得る体を作るプロセスは、テストのための詰め込み勉強のようなものではない。レース前の2週間にいきなりハードなトレーニングに取り組むと、疲労が蓄積し過ぎて逆効果だし、ケガをする可能性も高い。レースの数カ月前に綿密なトレーニングメニューを作成して、着実に実行しなければならない。準備不足をわかっていながらレースに臨むくらいなら、潔くレースの目標を修正して、タイムではない別のポジティブな経験を得るような走りをしよう。

92 レース中になってはいけないもの

レース前半は、あほ。
レース後半は、弱虫。

93　レース前半は他人を無視する

多くの人にとって、レースで本来の実力を発揮できない主要因は、出だしが速過ぎることだ。イーブンペースで走ることを誓ったランナーでさえ、他のランナーのスタートダッシュで冷静さを失ってしまう。その理由の一つは群集心理だ。皆と同じように走らないとマズいと思って、ペースを他人に合わせてしまう。これでは何のためにハードなワークアウトをしてきたのかわからない。レース前半の3分の1は群衆を無視すること。レミングのように走り、早過ぎるスタートで集団自滅する選手の一人になってはいけない。最速タイムはほとんどの場合、レースを一貫して同じペースで走ることができたときに出る。この事実は覚えておいて損はない。

94　5000m走

5000mのレースでは距離が短い分スピードが速く、スタート直後のスピード調整が難しい。レースは非常に短く、序盤のペースミスを立て直す時間はない。前半のペースが速過ぎると、後半に体が自動的にブレーキをかけてしまい、呼吸が乱れてがくりとペースが落ちる。前半を速く走った貯金は、フィニッシュまでもがいているうちに使い果たされてしまう。

95　10000m走

10000mを走るための鍵は、最初の1㎞を5000m走のペースで走らないことだ。ほとんどのランナーにとって、そのちがいは数値上で1㎞当たり6秒から10秒の差でしかないが、その差はランナーに大きな負担を要求するハードワークだ。2㎞に達する前にすでに息が上がっている場合、それは速く走り過ぎているということだ。レースを大失敗に終わらせないために、数分間ペースを落として呼吸を落ち着かせ、それからまたペースを上げよう。

96　15000m走からハーフマラソン

15000mからハーフマラソンまでの長距離レースでありがちなのは、レース中盤での精神的な落ち込みだ。長い時間、精神を集中させてペースを維持しつづけるのは、多くのランナーが思っている以上に難しいことなのだ。適切なペースで走っていれば、レースのほとんどの時間、呼吸はそれほど苦しく感じないはずだが、それでもペースを保つために集中が必要で、じつはこれにかなりのエネルギーが割かれている。逆に言えば、集中力を欠いたまま走ると、自動的にペースが落ちる。ところがレース中に、たとえば「オレ集中してないな、じゃあ集中しようか」というようなメンタルコントロールはほぼできない。集中することができない体の状態だからそうできない、というのが実態なのだ。では集中力を持続させるためにはどうしたらいいか？　一にテンポ走、二にテンポ走、三、四がなくて五にテンポ走。テンポ走から得られるメリットはいくら強調してもし過ぎることはない。

97 マラソン

マラソンの前半は、極力精神的なエネルギーを使わないこと。これはもちろん、自分のペースを気にしないとか、ドリンク摂取に無頓着になるとか、体調に気を配らないという意味ではない。逆に、そういった重要な事柄に集中するために、それ以外のムダなパワーを使わないということだ。たとえば、周りのランナーの動きにいちいち反応するのは良くない。早い段階で競争相手に意識が行ってしまうとペースが崩れ、精神力を最後まで維持することが難しくなる。私も含めて、マラソンのラスト数キロで失速した経験のある人なら、私が今ここで語っている集中力がどんなものかはわかるだろう。体がフラフラになって失速するというよりも、集中力が途切れるから失速するといった方がより正確だ。多くのランナーが思っている以上に、精神力というのはエネルギーを必要としてるのである。

適切なトレーニングを実行していれば、マラソン前半のペースは自分でコントロールできるはずだ。スタートしてからのペースがあまりに楽だから、余裕で目標ペースより速く走ってしまうというのはありがちなミスで、これは自制してほしい。ニセの太陽に向かって走ってしまうとかならず後半に燃え尽きる。電灯に群がる蛾になってはいけない。

マラソンのゴールは４２・１９５km先にあるのではなく、目標のペースで走ること、それ自体にある。「目標ペースより速く走ることができた」ということは、言葉を換えれば目標の設定に失敗しているのである。もちろん、だからといって新記録達成をみすみす逃すことはない。ただ、そのチャレンジは最後の５㎞に取っておこう。その先に見えているのは本物の太陽なのだから、ゴールに向かって完全燃焼しよう！

98　レースに適したウォームアップ

マラソンのためのウォームアップは簡単なジョグとストレッチ程度で十分だ。それ以外のレースでは、通常のハードトレーニング同様のウォームアップをおこなう。以下のようなシンプルな2ステップが私のお勧めだ。①スタートの約10分前に流しを終えるようにタイミングを計って始める。②スタートの約5分前に終えるように、テンポ走のペースで1分から1分半ほど走る。

テンポ走で少し走ることで、体がより高い代謝レベルに合わせて準備されるため、レースのペースに入るときのショックがなくなる。このちょっとしたウォームアップ効果は目覚ましい。多くのランナーが「ハードトレーニングは、2セッション目の方が1セッション目よりずっと楽に感じる」という事実からこのアドバイスが生まれた。いずれにしても、普段から適切なトレーニングをしていれば、ウォーミングアップをかなり積極的におこなっても、レースでのパフォーマンスが落ちるという心配はない。

99　レースはオリンピックではない

すべてのレースで最高のパフォーマンスを発揮する、なんてことは夢であって現実ではない。レースは次のランのために必要な一つの踏み台であって、レース自体が目的ではないのだ。トレーニング、コース、天候、精神的な強さなどの要素を考慮して、その日の自分のポテンシャルを最大限に発揮する。それ以上のゴールはない。私たちは生物であって機械ではない。同じコンディションなんて存在しないのだ。タイムだけで一喜一憂してはいけない。

100　ワークアウトとしてのレース

「最高のトレーニングはレースである」と昔からよく言われる。レースで良い結果を残すことがランニングの目的だという、レース至上主義的な考えを克服するためにも良い考え方だ。

レース前に緊張してしまう人は少なくないが、レースをトレーニングと考えることで、レース当日のストレスを緩和することができる。気休め的な自分への思い込ませではなく、たとえばハーフマラソンをフルマラソン用のトレーニングにしてしまうのだ。テンポ走としての5㎞をこなし、10㎞の前半もテンポ走のペースで走り、後半は可能な限りペースを上げてゴールする、といったように。レースペースで水分を取りながら、大集団で走る練習にこれほど打ってつけのトレーニング会場はない。

101　レースの目標を明確にする

レースに向けて、三つの目標を明確にしよう。①その日の最終的なタイム。②レースで達成したい具体的なこと。③レースが自分の期待通りにいかなかった場合でも、最低「これだけはやれたよね」と自分に言い聞かせることのできる小さな試み（たとえば給水のタイミングが計画どおりだったかとか、応援してくれている人たちへ向ける笑顔の回数だとか）。

102　レース前のトレーニング量

レース前にトレーニング量を減らす必要があるときでも、ある程度の負荷は保つこと。通常のマルチペース・トレーニングから急にイージーランだけにすると、レース当日までモチベーションが維持できなくなったり、レース当日に体がうまく動かなくなる。逆に大事なレースの前の週にハードなトレーニングをしてしまうと、レース当日までに体力を回復させることができない。

レースの5日前に、レースペースで400mや600mを繰り返して走るというような、速度感を筋肉の記憶に定着させる方法はお勧めだ。レースの2日前には、流しのセッションをおこなって中枢神経系を活性化させて、腕と足の可動域いっぱいを使って動かせるようにする。

103 ハーフよりフルなのか？

近年、マラソンの人気が高まるにつれて、レースの距離とランナーの能力を同一視する傾向がある。10㎞レースを走るにはそれなりの戦略があり、スピード感はフルマラソンとは比較にならない。10㎞が向いている人もいるし、20㎞が向いている人もいる。ハーフにはハーフの、フルにはフルの走り方がある。誰も彼もがフルマラソンを走る必要なんてどこにもない。あるいはフルの子分のような、ハーフという名称が悪いかもしれない。

104 走る時間帯

ほとんどのロードレースは、暑さと交通渋滞を避けるために早朝にスタートする。早朝と夕方のもっとも大きなちがいは、体の準備状態だ。速く走るための身体機能の大半は午後の遅い時間にピークを迎えるため、体は夕方のハードな運動に適応しやすくなっている。ところが、レースでは早朝からいきなり体の全機能を全開にしなければならない。この差は大きい。また、太陽が沈んで気温が下降していく時間帯に走るのと、太陽が上がってぐんぐん気温が上がってくる時間帯に走るのでは、これまた大きなちがいがある。いずれにしても日々のランを夕方にしている人は、朝方に走る練習をしておかないと、レースでは対応が難しくなる。レース当日の初体験にうまく対応できるはずがない。

トレーニングの質を維持すること

105 メンテナンス・モード

実生活が邪魔をして、思うようにトレーニングできない時期がある。その期間の長さは、人生のタイミングによって、季節的な環境変化（降雪など）によって、あるいは仕事場の上司によって、大きく異なるだろう。しかしどんな場合でも、トレーニングの質をある程度保つようにしたい。もしあなたが、毎日走ることはできるが、長い時間を割くことができないのであれば、いつものハードなセッションのミニバージョンをおこなうといい。たとえばウォーミングアップ、長いテンポ走、クールダウンという組み合わせの代わりに、シンプルに８㎞を走る。その８㎞の間に緩急をつけることで、いつもの組み合わせの負荷変化に近づけるのだ。最初の２㎞をウォームアップに使い、５㎞をハードに走り、残りをクールダウンとしてジョグで帰る。そしてランの後で流しをする代わりに、終盤に30秒のビルドアップを６回おこなう。

走ることができない日が多い場合は、少なくとも１週間に１日は流し、１日は長めのワークアウトをつづけよう。えっ、「ストレスがたまり過ぎてそれもムリ」だって？　わかる、そういうときだってある。それならば気の向くまま速く楽に走るファルトレク・ワークアウトをおこなう絶好の機会だ、というように常にポジティブに状況を考えれば、実生活が苦しいときこそ、ランニングがあなたの支えになってくれる。

106 元気が出ないときには

気分が落ち込んでいるときには、少し速く走るのが一番だ。元気が出ないときにゆっくりと8㎞走ると、かえって無気力感が増してしまうかもしれない。だまされたと思って、速く走ってみてほしい。ランダムに短いビルドアップを入れたり、いつもの周回コースを走った後に、流しをセットで走ってみるのだ。中枢神経系をより高いレベルで働かせることになるが、消耗するほどの長さではない。この高速ランニングがあなたを意気軒昂《いきけんこう》な状態へと持ち上げてくれる。

107 速さを維持するためには……

常に自分のスピードを監視しよう。油断してスピード練習を怠ると、元のスピードに戻すだけのために、多くの時間を費やすことになる。まさしく時間と労力のむだ遣いだ。スピードを維持するためには長い距離を走る必要はない。いつものランニングの終盤やその直後に、リラックスした状態で速く流しをするだけのことだ。ハイスピードで走ることで、あなたの体は可動域を広げた状態を記憶し、次のランでも同じ状態に持っていくことができる。脳も体もそろって怠け者で、隙あらば楽をしようとすることを忘れないでほしい。

108 現実に基づいた楽観主義

エリートランナーは、おそらく生まれつき優れた身体能力を持っている。けれどもそれが高いからといって、かならずしも速く走ることができるわけではない。長距離を走るために重要なのは遺伝的な要素とは関係のない、独特のマインドセットなのだ。

質の悪いトレーニングをしてしまったために、変調をきたしてパニックになったり、レースで劣勢に立たされてしまったときに、もうダメだと思ってしまうエリートランナーは存在しない。私はこれまで世界トップクラスのランナーの多くと話してきたが、彼らの考え方を一言で表現するなら、「現実に基づいた楽観主義」だと思うようになった。正しい努力をすれば、正しい結果が出ると確信しているのだ。彼らは、目覚ましい成果が上がったワークアウトや、素晴らしいタイムを出したレースを、特別な結果と捉えてはいない。やるべきことをやったことによる当然の帰結であり、さらに次に自分が達成できることへのヒントだと考えている。

逆に、まったく成果の上がらなかったトレーニングや最悪のタイムで走ったレースを、異常事態として受け止めている。何かがおかしいという兆候であり、自分の能力やトレーニング方法を見直すための絶好の機会とするのだ。

トレーニングが正しく、目標が現実的でありさえすれば、現在のパフォーマンスレベルはかならず超えられる。トレーニングやレースで成果が上がれば、それは自分が正しい方向に向かっている証拠だ。悪いトレーニングやレース結果には理由がある。自分の実力を示すものだと考えてはならない。なぜパフォーマンスが落ちたのかを見きわめ、再発を防ぐ方法を考えるためのものなのだ。昔から、「失敗は成功の母」、「災い転じて福をなす」、「転んでもただでは起きない」、「ケガの功名」とかいろいろと言われてきたが、これからの言葉が気休めや慰めではないことは、きっとあなたも自分の人生で体験してきたはずだ。

パートIII　ケガをしないランナー

――ケガに関する43のヒント

「膝が痛い。走り過ぎかなあ、それともフォームが悪いから？」

精神的な動揺、治療とリカバリーを考えると、正直なところケガはメリットよりもデメリットの方が大きい。申し訳ないが、パートⅡの最後に書いた「転んでもただでは起きない」ような事態や「ケガの功名」は回避するべきで、文言は文字通りに受け取らないでほしい（汗）。

ケガをすると、普段は1日のハイライトであるはずのランニングが、考え込んだり心配したりする時間帯と化してしまう。普段はストレスを解消してくれるランニングが、逆にストレスの源になってしまうのだ。

私たちはケガをすると、有名な悲嘆の五段階であるところの、

否定→怒り→交渉→抑うつ→受容

というプロセスを経験することになる。

傷ついているときは、自分が世界とうまくいっていないように思えるものだ。短距離ランナーでもマラソンランナーでも、新米ランナーでもベテランランナーでも、毎週レースに出場する人でもレースにまるで興味がない人でも、ウィークエンドジョガーでも、あるいはランナーでさえない人でも、ケガはしないに越したことはない。ケガをしないことがあなたの主要な目標であることを、ここで改めて肝に銘じてほしい。

そうはいうものの、残念なことにランニングにケガはつきものだ。しかも、松葉杖を使うよう

な大ケガではなく、ほんのちょっとした痛みがランニングに大きな支障をきたす。さらにやっかいなのが、そういった痛みや不調が慢性的になってしまったときで、一時的な大ケガよりもかえってイライラさせられる。

このパートでは、ランニングのケガを三つの側面から見ていく。一つ目は、ケガを避けるための方法。ここではなぜケガをするのか、ケガをしたまま走りつづけてもいいのか悪いのか、医療専門家の助けを求めるタイミングはいつなのか、といった点について考察している。二つ目は、ケガをしたときの対処方法。一般的なランニング中のケガに対する即効性のある治療法、そしてケガをしたときに体力を維持する方法などについて（ランニングに関連した部位に慢性的な小さな痛みがあるときには、いくつか試す価値のある治療法があるが、ケガによって千差万別なのでここでは触れない）。三つ目は再発防止策。ケガをしにくい体を作るための、もっとも効果的な方法を紹介する。

ランナーのケガとは？

109 特定部位の使い過ぎ

ランナーのケガの大半は、急性障害というよりも使い過ぎによるものである。バスケットボール選手がアキレス腱《けん》を断裂したり、サッカー選手が靭帯《じんたい》を損傷するような、突然の衝撃によるものではない。一つ、もしくは複数の部位がランニングの反復的な負荷に耐えられなくなることによって起こる。しかし、早い段階で手を打てば、障害部位を落ち着かせることができる。つまり、ランニング中のケガは短期間で治る可能性が高いということだ。この事実がランナーにとってグッドニュースであることはまちがいない。

ランナーのケガは、距離を走り過ぎたり、速く走り過ぎたりするから起こると言われることが多いが、それはあまりに大雑把な解釈だ。暖かい日にフラットな土の道を走っているときと、寒い日に、座りっぱなしのデスクワークの後にやや傾斜のあるアスファルトの道の端を暗闇の中で走っているときでは、膝にかかる負担はまるでちがってくる。ケガを避けるためには、ケガの原因を突き止める必要があるのだ。

110　医学的考察

遺伝的な要素を除けば、ランニング中に起こることの大半は自分でコントロールできる。たとえば冠動脈疾患のリスクを下げる必要のある人は、脂肪の少ない食事、禁煙、定期的な運動、適正体重の維持など、まずは医学に基づいた適切な生活習慣を身につける。トレーニングに関しては、負荷のバランスに注意を向ける必要がある。そして可能な限りフラットで柔らかな路面を走って、筋力と関節の強さと柔軟性を保つ。古くなったランニングシューズを捨てる。そういった選択によって、ランニングによるケガの危険因子をあらかじめ除外することができる。

111　現代生活にご用心！

一日中座りっぱなしのデスクワーク、長時間同じ姿勢を強いられる渋滞時の運転、通勤ラッシュの電車の中での自由の利かないムリな姿勢、首を一方向に傾けつづける携帯電話での長話など、現代生活はランニング障害の危険因子に満ちあふれている。体の各部位が可動域いっぱいに動くことはめったにないのだ。多くの人にとって当たり前の日常活動こそが、主要な筋肉群を締めつけ、弱め、体のバランスを崩し、ケガをしやすい体質にしてしまう。

私の知り合いの筋膜リリースセラピストは、あるティーンエージャーのランナーのケガが、彼女のメール習慣に起因していることを突き止めた。親指に過度な負担がかかることで肩の位置がずれ、それが走るときの腰の位置をずらし、足の他の部分の筋肉の緊張につながっていたのだ。にわかには信じられない話だったが、現実的にその少女は治療後にケガをしなくなったのだ。

私たちを取り巻いている現代の生活環境で、体にネガティブに働くあらゆるものを避けるなどということは絵に描いた餅だし、常に走ることを考える修行僧ランナーになれとは言わない。しかし、ランニングをしない時間の大半が体に多大な影響を与えていることが明白である以上、日常生活でも体に良いことと悪いことの選別意識を忘れないことは重要なことである。たとえばデスクワークや車の運転時の姿勢、座りっぱなしを避けてこまめに休憩を取る、ディスプレーの高さを視線に合わせて、うつむきつづけたり、逆にアゴを上げつづけたりしない、など。仕事中に姿勢を正して座ったり、1時間ごとに小休憩を取るようにすれば、仕事後のランニングも気分が良くなる。

ケガの乗り越え方

112 違和感の正体を突き止めよう

どのようなケガの場合は走ってはいけないのか？　どのようなケガならトレーニングをつづけることができるのか？　この質問に対する即答は不可能だ。人によって元々の耐性がちがうために、使い過ぎによるケガがどのくらいの負荷（期間と強度）によって発生したかは千差万別だ。ランニングが原因になる障害は、最初のうちは小さな違和感程度であることが多い。痛みが消えるまで走るのをやめて安全策を取ることもできる。ただし、こういった小さな違和感を気にして走るのをやめてしまうと、年がら年中トレーニングを休むことになりかねない。さらに、こうした不快感の多くは、走り始めて10分もすれば消えてしまうホワイトノイズのようなものであることが多い。少なくとも初期段階ではほとんどの場合、距離とペースを落として走りつづけて問題はない。

例外はストレス骨折（疲労骨折）に関するもので、詳しくはこのパートの後半で説明する。ストレス骨折の場合、ホワイトノイズのように消えてはくれず、逆に雑音が徐々にはっきりとしてくる。骨にわずかでもひびが入っていると、そのまま走りつづけると治癒は遅くなり、ほとんどの場合ヒビはさらに大きくなる。トレーニングをやめずに走りつづけた場合、レントゲンではっきりわかるような骨折を引き起こす可能性がある。

かつて2年近くストレス骨折を我慢しつづけて走ったランナーがここにいる。そう、今この文章を書いている人物だ。このケガはごまかしながら克服することは不可能だ。悲嘆の最終段階である「受容」に達したとき、私のすねの骨はほぼ二つに分かれていた。それからランニングに戻るのに1年かかった。その次に同じことが起きたとき、私にはすぐにそれがストレス骨折だとわかった。翌日、私は走るのをやめた。私がロードに戻ったのはわずか一月《ひと》後だ。11カ月得をした気になった。

113 走るべきときと休むべきとき

ストレス骨折ではない痛みがある場合にはどうすればいいか?

①走っている最中は痛みがなくても、走った後や朝起きたときに痛みがある場合。この場合は、通常のペースで通常の距離を走っても問題がない。ただし、痛みの頻度や程度、そして走っているときにまったく気にならないかどうかを、日記に記録しておくこと。重要なのは、自分自身をごまかさずに正直になることだ。

②走っているときに痛みを感じるが、悪化はしない場合。これもいつもどおりに走っていい。万が一、悪化してランを短縮する必要がある場合に備えて、迷ったら家の近くを走ること。いつも走り始めに痛むようなら、ウォームアップでストレッチを入念にする。

③いつも走っている最中に痛みがひどくなる場合。これは何か深刻なことが起きているか、少な

くとも深刻になりかけている可能性がある。ランニングを短時間（痛みがひどくなる前）に終えるようにして、リハビリの計画を立てよう。ランニング量を減らすことに罪悪感を感じて、いつもの距離を走りつづけなくてもいいように、クロストレーニングを追加した方が賢明だ。
④痛みをかばってランニングフォームが変わってしまう場合。絶対にその変形したフォームで走るべきではない。明らかに何らかの障害が発生している証明だし、当該部位の治癒《ちゆ》が遅れるだけでなく、いびつに変化したフォームが他の部位に負荷をかけて、2次災害的にケガを増やす可能性が高くなる。こういった場合にも、痛む部位を使わないクロストレーニングをおこなって、痛みが消えるまでは極力走ることを控えよう。
⑤走っているときだけでなく、日常生活でも痛みがある場合。それは放置し過ぎている。ランニングやクロストレーニングを控えて、原因を調べるために医師に診せるべきだ。

114　ケガをしないランナーはいない

よほどやる気があったり、痛みに鈍感だったり、極度に楽観的だったりしない人であれば、（自分の性格や体のことをよくわかっていない人は案外多いとしても！）ランニング中のケガのほとんどは初期段階にあるはずだ。

そういった状況にある場合、どの程度の調整が必要になるのか？　1カ月後にレースが控えているようなら、数日間中断して痛みが落ち着くかどうか確かめた方がいい。その休養で痛みが落ち着いてきたらレースのための練習に戻る。差し迫ったレースがない場合は、体力を維持する緊急性はそれほど高くないので休養を取る。あるいはレースがないのだから、この初期段階の小さなケガを気にしないで走るという選択肢もあるが、それはその人の性格次第だ。心配性の人はしばらく様子を見るだろうし、強気な人は中断して静養するくらいなら痛みが長引いてもいいから走る、ということになるだろう。このような判断を迫られた際の自分自身との議論は、どんなランナーにもつきものだ。ケガをすると精神的に疲弊するが、じつはそれもランニングの一つの側面とも言える。ケガをしないランナーはいない。ランニングはもちろん走ることが主眼だが、ケガを治すこともランニングの一部だと覚悟を決めよう。

115　スポーツ医学と整形外科医

正直なところ、あなたの自宅の近くに整形外科医がいたとしても、ランニングに起因しているケガをした場合にはあまり役に立たないと思った方がいい。大半の医師はスポーツ医学の訓練を受けていない。整形外科医であればいいというわけではないのだ。なぜケガをしたのか、どうすればすぐに克服できるのか、どうすれば今後ケガをしないようにできるのか、といった見識を持っている医師は多くない。ランニングドクターを友人に持つ者として、忖度《そんたく》なしにはっきり言ってしまおう。

スポーツ医学の資格を持っている医師に診てもらうこと。これに尽きる。そうすれば、あなたのケガのパズルを解くために総合的なアプローチをしてくれる可能性がぐんと高まる。そして、早く復帰したいという気持ちに共感してもらえる。「走って痛いなら走るな」とか、「ケガをするのも無理はない、たくさん走っているんだから」というような陳腐な言葉を聞くために診てもらいに行くわけではないのだ。極端なことを言えば、スポーツ医学の資格を持っていない医師にランニングのケガを診てもらうのは、目が痛いのに内科に行くようなものなのだ。

近所のランナーの口コミは、探し出すべき医療専門家を見つける最良の方法だ。整体師がベストな選択であることが多いが、最近はビジネスとしての整体院が注目されていて、あなたの体を治すことよりも、回数券を売ることに熱心なところが少なくないので注意が必要だ。整体院とリラクゼーションは完全に別物なので、十分に注意すること。

116 薬は最低限に

ランニングに関連した急性の痛みが生じた場合、最初の数日間はイブプロフェンなどの抗炎症剤を服用して、炎症が抑えられるかどうかを確認するのは問題ない。しかし、ランニングをつづけるために薬に頼りつづけるのは、明らかにまちがった対処法だ。いったん落ち着いて、対処すべき根本的な問題があることを受け入れるべきだ。私の友人に、慢性的なアキレス腱の痛みを軽減するために15年間もイブプロフェンを服用しつづけてきた人物がいる。最初は今だけと思っていたらしいが、つづけていくうちになんとなく習慣化してしまったそうだ。麻薬と同じだ。で、どうなったかは聞くまでもない。そう、逆に悪化しているし、彼の腎臓がこの15年間でどうなったかは、恐ろしくて想像したくもない。

ついでに警告しておくが、長く走ったり、ハードに走ったりした後、ちょっと痛いからといって抗炎症剤を服用してはいけない。ハードなトレーニングの後に感じる軽い痛みや程度の低い腫れは、体の適応プロセスの一部なのだ。そのまま体に修復を任せておくことで、トレーニング効果をより多く享受できる。

117　氷はいいが、温熱はダメ

氷はランニング中のケガを防いだり、悪化させないための最初の防衛線だ。ランニング中に治まらない小さな痛みも氷で冷やすが、その場合でもアイシングは5分で十分だ。ちょっとした違和感が痛みに変化している場合は、走った後に5分間氷で冷やし、1時間後にまた5分間氷で冷やす。さらに1日に1、2回は氷で冷やすようにする。これで炎症を抑えることができる。

走った後に痛む場合は、決して温めないこと。すでに炎症を起こしている軟部組織の腫れを増大させるだけだ。温熱は痛みや炎症とは異なる、硬くなってしまった部位に対する措置として最適だ。硬くなっている部分への穏やかな温熱（湿った温熱が最適）は、軟部組織への血流を増加させ、その部分の可動域を広げるには有効だ。温浴は、ランニング直後の腫れが引くまで十分待てば、長距離走のような負担の大きい運動の後でも問題ないし、心身のリラックスにとても役立つ。

118 マッサージの効用

マッサージが気持ちいいことは誰もが認めるところだろうが、ケガの予防に役立つのかどうかについては、いまだに十分な科学的データはない。ただし深部組織へのマッサージが血流を促進し、施術部位から老廃物を除去するのに役立つという証拠はたくさんあるし、予防の面でも、多くのエリートランナーが毎週マッサージを受けているという現実は、これがランニング中の体を健全に保つために有効だとする十分な根拠にはなるだろう。

スティックやフォームローラーのような器具を使ったセルフマッサージも有効だ。部位によって（ふくらはぎや大腿四頭筋）は、他の部位よりも簡単にケアできるものもある。ただしセルフマッサージは、やり過ぎになりがちなので慎重におこなうこと。「イタキモチイイ」マッサージは、訓練を受けた施術者に任せよう。ある部位に圧を加えることによって、他の部位に違和感を感じるようになった場合はすぐに中止すること。

走りながら治す

119 足底筋膜炎

土踏まずやかかと周辺に圧痛があるときは、家の中ではクッション性の高いスリッパを履くようにしよう。そして1日に数回、かかとと土踏まずを氷で冷やす。最適なのは凍らせたペットボトルだ。転がしながら手当てすることができるので、ちょっとしたマッサージにもなる。走る前には足の甲をつかみ、つま先をすねのほうに何度か押して、足裏の軟部組織をほぐす。また、かかとから前足部にかけての傾斜が大き過ぎるランニングシューズを履くと、体重が一カ所に集中しがちで症状が強くなることがある。シューズの形状も人それぞれにマッチ、アンマッチがあるので注意が必要だ。長期的に見れば、足底筋膜炎はふくらはぎとアキレス腱の筋力と柔軟性を向上させなければならないというサインだ。

120 アキレス腱炎

アキレス腱が痛むのは炎症を起こしているからで、氷と抗炎症剤が効果的だ。腱への血流が制限されているためにアイシングだけで緩和するのは難しいので、このケースでの抗炎症剤の服用は躊躇《ちゅうちょ》しない方がいい。アキレス腱炎が顕在している間は、ランニングシューズ以外の靴でかかとを少しだけ浮かせて腱を引っ張る力を軽減させる。段ボールなどを切って、ソールのかかと部分に貼るのが簡単で効果的だ。

長期的な視点で見れば、前項の足底筋膜炎と同じだ。腱とふくらはぎの可動域を改善する必要がある。そのためには、ランニング以外の時間にヒールのある靴を履かないこと（段ボール紙で浮かせる程度にしておかないと逆効果だ）。またランニングシューズのかかと部分のベロ（ヒールカウンター）がアキレス腱をこすらないように注意する。

121 シンスプリント

聞き慣れない言葉かもしれないが「シンスプリント」とは内側脛骨《けいこつ》ストレス症候群のことである。うれしいことに長期的にシンスプリントを予防する最善の方法は、ランニングをつづけることだ。ランニングをつづけているにもかかわらず、頻繁にすねが痛む場合は、土踏まずに問題があることが多いので若竹踏みなどで刺激する。

すねに痛みがある場合は、可能な限りアスファルトではない柔らかな路面を走り、かつ下り坂を避けるようにすると、かなり痛みが改善する。激しく痛まないのであれば、いつもより走る回数を減らしてでも走りつづけて一貫性を保つことが好ましい。

122 ランナー膝

膝頭周辺に痛みがある間は、膝を不安定にする要素を排除することが重要だ。フラットで整地された路面を走り、曲がりくねったトレイルやダウンヒルは避ける。意外かもしれないが、トラックも良くない。400mトラックは直線とその1・5倍のカーブで構成されているので、片側の足に負担がかかりつづけるからだ。じつはランナー膝（腸脛靭帯炎《ちょうけいじんたいえん》）は、トレッドミルでうまく乗り切るのに適したケガだ。トレッドミルを少し上り勾配にすると、膝への負担が軽減される。臀《でん》部や大臀筋が弱いと、太ももを後ろに引っ張る力が足りなくなるために、本来中殿筋《ちゅうでんきん》が担うべき膝の安定化作業を膝自体が負担しなくてはならなくなる。これが、ランニングに関連した膝の痛みを引き起こす要因になっていることが最近の研究で明らかになっている。すべてのランナーは、より強いヒップ作りに時間を割くべきで、特に膝痛を1回でも経験しているランナーはなおさらだ。

123 ふくらはぎ痛

悪化した腱をほぐすには、フォームローラーやスティックのような器具を使ったセルフマッサージが効果的だ。そして痛みを引き起こした可能性のある状況を避ける。ランナー膝同様にフラットな路面を走ることが重要だ。かまぼこ形状の路面を走らなければならない場合は頻繁に左右を入れ替える。トラックでのトレーニングをつづけたいのなら、リカバリージョグを逆方向におこなって、いつも同じ足でターンしないようにする。股関節と臀部の筋力アップは再発防止に重要となる。片足スクワットは股関節の外側にある股関節外転筋の強化に適している。

124 ハムストリングスと臀部の痛み

ハムストリングス上部と臀部の痛み、圧痛や緊張は、ランニングに真剣に取り組んでいるほとんどのランナーの悩みの種にちがいないが、ことに日常生活で座りっぱなしの人に障害が出やすい。痛みが気になり始めたら急な上り坂は避け、ハードなトレーニングの前には、ウォームアップを十分にしておくこと。もし、その違和感がつっぱり感ではなく圧痛なら、その部位のストレッチはやめよう。急性の圧痛がなくなったら、股関節回旋筋とハムストリングスのストレッチを丁寧におこなう。ハムストリングスを強化するには「シングルレッグカール」の筋肉トレーニングが効果的だ。仕事で座っている時間が長い人は良い姿勢で座ることを意識して、少なくとも1時間に1回はかならずいすから立ち上がろう。

125 ストレス骨折

骨を治すためにいったんランニングをやめなければならない。ランニングを再開するときは、骨折した場所に痛みはないか、違和感がないかを確認すること。鋭い痛みではなく、鈍く引っ張られるような感じであれば、徐々に回復していくので大丈夫だ。場合によっては、骨折した場所にコブができることもある。これは、骨折した箇所に新しい骨が形成されたからだ。私も左足のすねにコブあるが、痛みの原因とはならないので心配は無用だ。

ストレス骨折を何度も起こすということは、体の弱点に繰り返し負荷をかけているということだから、柔軟性と筋力トレーニングに熱心に取り組み、回復力を高めることで再発の可能性を減らそう。また、十分なカルシウムを含む食事を心がけること。

クロストレーニングの実践

126　何かをする。何でもいい！

ケガをしている間は体力が落ち、脂肪が増えてしまうと心配になるだろう。じっさい休養期間が長い場合、どんなに熱心に水泳やバイク、マシンなどのクロストレーニングに打ち込んでいても、ランニングを再開する際にはある程度の調整期間が必要になる。しかしクロストレーニングをやるとやらないでは、その期間の長さとハードさが桁《けた》ちがいになる。自己憐憫《れんびん》や自暴自棄《じぼうじき》でクロストレーニングをしないまま放っておくと、筋力が落ちて逆に体重は増える。そして、その分だけランニングに復帰したときの調整に苦しむことになる。

127　クロストレーニング　その1

ケガをしてクロストレーニングをする段階になったら、ランニングよりもクロストレーニングに時間を割くようにしよう。普段のハードなランニングトレーニング（ＶＯ$_2$マックストレーニング、テンポ走など）をプールやバイク、エリプティカルマシン（クロストレーナー）などの時間に置き換えるのだ。クロストレーニングも、毎日同じルーティンで同じような負荷を繰り返すよりは、ハードとライトを取り混ぜたトレーニングの方が飽きないでつづけられる。ケガで宙ぶらりん様態になった時間に中途半端なトレーニングをすると気持ちが後ろ向きになるので、飽きないように注意しなければならない。

128 クロストレーニングの注意点 その2

ケガをしたときに最適なクロストレーニングとは？ 第1の基準は、ケガを悪化させないこと。たとえば、足にストレス骨折があるのにエリプティカルマシンをやっても、回復を長引かせるだけだ。どのアクティビティがランニングのメカニズムにもっとも近いか、そして心拍数をもっとも上げやすいか、といった観点でクロストレーニングの種類を選択してはいけない。痛めた部位に負担をかけずに、その周辺や体全体を鍛えつづけることが重要なのだ。ここは落ち着いてシンプルに考えよう。

そもそもランニングは自宅のドアを1歩出るだけで始められるスポーツで、その簡便さがいいのだ。そんなスポーツに引き込まれているあなたが、たとえば車で通わなくてはならず、水着に着替えなくてはならないプールランニングをつづけることができるだろうか？ 確かにプールランニングは陸上のランニングに匹敵する素晴らしい代替トレーニングになる。しかし、日常生活の中に朝一番のプール行きを割り込ませたり、あるいは仕事帰りのプール通いをつづけることが可能なのか？ 決して悪いと言っているわけでない。現実的に考えて、自分に可能と思われるクロストレーニングを選ぶことが重要だと言っているのだ。プールランニング、サイクリング、エリプティカルマシン、階段マシンといった候補の中から、毎日できるものを選ぼう。

129　ケガをきっかけにする

ケガをポジティブに捉えよう。ケガは体が発するSOSだ。これまでの方法、環境などに何らかの問題があることをあなたに知らせるためのアラートなのだ。ストレッチ、筋力強化、体幹トレーニング、ヨガなどを取り入れて、ケガをしにくい体を作るためのきっかけと考えよう。

ランニングフォームがケガの原因？

130 ランニングフォームとケガ

ランニングフォームとケガの関係を心配し過ぎる人が多い。フォームはもちろん重要だが、フォームが悪いからといって、それがケガにストレートに結びついていると考えるのは短絡的過ぎる。

たとえば、走るときに足が横に出ているとしよう。（雪の中を走ったり、乾いた舗装路を濡れた靴で走って確認できる）。フォームにそういった欠陥があると、確かにスピードは遅くなるし、体がその欠陥を補おうとして他の部位を利用する可能性がある。しかし、足が横に出てしまうのは、本質的には体の硬さや筋肉の弱さに起因する問題なのだ。（この場合、おそらく股関節屈筋《こかんせつくっきん》という太ももの前側の筋肉が硬くなっている）。その筋力のなさが悪いフォームを作っているのであり、それが時間の経過と共に他の部位に影響していき、ケガにつながっていく。ランニングフォームを修正すれば、ケガをしなくなるというのは本来の順序とは逆なのだ。

良いランニングフォームを身につけるためにしなくてはならないのは、自分がどのように走っているかにこだわったり、細かく自分のフォームを監視することではない。良いランニングフォームから外れている場合、それは対処すべき弱点やうまく稼動していない部位があるというサインと捉えよう。根本的な弱点や窮屈さを改善することで、フォームの問題は自動的に解消していくはずだ。

131 良いランニングフォームとは？

プロゴルファーのスイングが全員ちがうように、ランニングフォームにも普遍的なものは存在しない。胴の長さ、足の長さ、足の形、骨の配列、脳と中枢神経系のコミュニケーションなど数え切れない要因によって、人間一人一人の体には世界に二つとないユニークな形状が与えられている。したがってそれぞれの人には、生まれながらの走り方がある（ランニングという狭い範疇《はんちゅう》ではなく、急いでいるときに走るといった意味で）。つまり、放っておくのが一番自然ではあるしかし、通勤電車に遅れそうなときの走り方で40㎞を走るというのにムリがあることも事実なのだ。幸いなことに、人間の体には順応性という能力が備えられていて、ある程度の調整が可能だ。良いフォームを作るというよりは、より強く、よりしなやかなボディを作るというような意識を持った方がいい。そうすれば自然に、より望ましいフォームで走ることができるようになる。

基本的には、重心の上に着地すること、軽快で速いピッチ、最小限の横回転、リラックスした体勢などに気をつけながら、あなた自身にしかない理想のランニングフォームを見つけよう。

132 肩と首が硬い

肩と首が固いと、肩をすくめ腕を横に広げるようなフォームになる傾向がある。走っているときには、首が短く見えているかもしれない。このような走り方をしていると、腕が前後に振れないために足の回転に悪影響が出るし、不自然な腕の上げ方で余分なエネルギーを費やしてしまう。多くの人が日常生活からこの不自然なスタイルの原因を持ち込んでいる。パソコンやディスプレーの前に長時間座っていると、肩がこり猫背になりがちだ。そのような日常生活の癖は、走るときにも引き継がれる傾向がある。良い姿勢とスムーズな動きを身につければ、慢性的な肩こりを解消することができる。走っている最中はシンプルに、ただ目の前にあることだけに集中することで、肩と首をリラックスさせることができる。コツとしては、手首が腰の横を通るように意識することが重要だ。

133 頭を突き出す

頭が体の真上に来るようにしよう。闇の中を進む捜索隊のような姿勢はダメだ。頭を前に突き出して走ると、首と背中の上の筋肉が頭の位置を維持するために締めつけられてしまう。このフォームは、遠過ぎるディスプレーを見るために、頭を前方に出す習慣によってもたらされた現代文明の呪いである。繰り返しにはなるが、まずはコンピューターとの距離や視線の角度を調整し、常に姿勢を気にする癖をつけよう。かなり多くの人が、気を抜くと猫背になってしまうはずだ。ディスプレイ脇に「猫背に注意！」とか「アゴを引け！」といった付箋紙《ふせんし》を貼っておくといい。また走る前に部屋で仰向けになって、あごを胸に10回つけて頭の位置をリセットすると体が正しい姿勢を思い出してくれる。走っている間は、頭が肩の上に無重力状態で浮いているような意識を持つ。

134 過剰な前傾姿勢

腰を曲げて走っていると体を支えるために腰が緊張し、前に倒れないようにするために大腿四頭筋《だいたいしとうきん》に余計な動きが求められる。そのために効率よく走れず、疲れやすく、足が不必要に痛くなる。ここでもまた、最大の敵は座り過ぎだ。座っている時間が長くなればなるほど腰の自然なカーブが徐々に奪われていく。また、生活習慣が体にもたらす影響は、年齢が進むに従って顕著《けんちょ》になっていく。レース中の写真を見るとわかるが、前傾猫背型のランナーの多くが高齢者である。普段から腰を反らすように座ることに加えて、腹筋とヒップを鍛えることで、この問題に立ち向かおう。

135　過度の横振れ

体幹が不安定だと腕や足が直進以外の方向に動き始める。一歩一歩、腕や足を前に動かすのではなく、体の正中線方向に戻すためにエネルギーを使ってしまうのだ。この問題は前項の前傾同様に、腹筋とヒップの筋肉が弱いために起こる。姿勢を安定させるための重要な筋肉を鍛えれば、動作の方向が横ではなく前に向くようになる。別の言い方をすれば、同じエネルギーでより速く走ることができるようになる。

136　がに股と内股

生まれつき、足の骨がランナーとしての理想的な位置に配置されていない人は、着地したときの足が斜めになってしまうことがある。また、ヒップの筋肉が弱かったり、股関節の屈筋群が硬かったりしても（この二つはペアになっていることが多い）、走っているときの足の位置が悪くなる。着地したときの足が体の外側を向いていたり、内側を向いている場合、その向きを意識的に矯正《きょうせい》しようとしてもうまくいかないことが多い。自分にそういった癖があるという認識をした上でトレーニングをした方が長期的には良い方向に向かうが、外側に足が開いている名ランナーも少なくない。修正の最中にもし足が痛み始めたら、それは生まれながらの体型に逆らったことをしようとしていると判断して中断した方がいいだろう。

ストレッチはランナーのための保険

137 そもそもストレッチって必要？

柔軟性と筋力強化は、言ってみればランニングをつづけるための保険だ。これらはトレーニングを補填《ほてん》するクロストレーニングの代用ではなく、あくまでもプラスアルファとして考えてほしい。プラスアルファを余分なことと考えるか、重要なサプリメントと考えるかは自由だが、少なくともより良いランニング、より楽しいランニング、よりケガの少ないランニングをしたいならおこなう価値はある。ほとんどのことが、文字通りプラスアルファの範囲内で可能だ。１日の時間の中に少しずつ混ぜ込む程度のことだ。

138 ストレッチとケガ

ランニングをスムーズに流れるようにするためには、全身の可動域が良好であることが望ましい。可動域が狭いと走るスピードが遅くなるだけでなく、可動域自体への負荷がかかり過ぎて、その影響が他の部位へと波及する。結果として運動連鎖が悪くなり、ケガへとつながっていく。ほぼすべてのランナーにとって、望ましい柔軟性を保つためには特別な努力が必要であると断言できる。「プラスアルファが特別な努力ってか、だまされた！」と言わないでほしい。定期的なストレッチにはたいした手間も時間もかからない。だまされたと思ってやってほしい（笑）。

139 AISって？

スポーツ科学のさまざまな研究結果やトップランナーがおこなっていること、そして私自身の長年の実験から、ランナーに最適なストレッチはＡＩＳ（アクティブ・アイソレーテッド・ストレッチ）と呼ばれる方法だと確信している。これは、筋肉は相反するペア（大腿四頭筋とハムストリングス、上腕二頭筋《じょうわんにとうきん》と上腕三頭筋など）で働くという前提に基づいている。対《つい》になっている筋肉の一方をもっとも効果的にストレッチするには、その反対側の筋肉を収縮させればよいという理論だ。

ＡＩＳは静的ストレッチと動的ストレッチの要素を組み合わせたもので、目的の筋肉一つにつき、10回ほどのストレッチをおこなう。１回のストレッチ時間は数秒で、最後だけポーズを取るが、その後でロープやポールなどを使って補助し、ほんの少し可動域を広げる。

ＡＩＳをランナーの世界へ広げたのはジム＆フィル・ウォートン親子だ。この15年間で素晴らしい成績を残したトップランナーたち同様、私も彼らの本と動画を推薦する。

140 その他のストレッチ

ＡＩＳが可動域を永続的に拡大させるためにもっとも効果的な手法であることはまちがいないが、言うまでもなくＡＩＳだけがストレッチではない。ランナーにとって、昔からの定番である静的ストレッチもおこなった方がいい。こちらは走った後にこそ効果的で、逆に走る前にストレッチをやり過ぎると、伸ばした筋肉のパワーが低下する可能性さえあることが、研究によって明らかになっている。ランニングの前に最適なのは、ダイナミックな動きで体の可動域を広げる動的ストレッチだ。レッグスイングや膝を高く上げるウォーキングなどは、手足を効率よく動かすための準備運動となる。大切なのは、急に動かすことで筋肉が反射的に収縮しないように、一つ一つの動作をゆっくりと楽におこなうことだ。

141 ヨガは？

ヨガはポーズを取りつづけるため、少なくとも走る直前には向いていない。（ヨガ自体が柔軟性、バランス、身体への意識を高めることができるアクティビティであることはまちがいない）。ランナーにとってのヨガの最大の利点は、「ツリー」のようなポーズから得られるバランス感覚だろうが、ヨガクラスに参加する際には、自分がランナーであることを常に意識しないといけない。クラスには驚くほど体が柔らかい人たちがいる。彼らを見て、あれが理想だと思ってはいけない。ランナーはタコである必要はないのだ。

142 定番ストレッチ

ランニングの前後におこなう定番のストレッチは、やり過ぎない限り体にプラスに働く。以下が模範的な例である。

ランニングの前に少なくとも数分間は、体の後ろ側の筋肉（ふくらはぎ、ハムストリングス、大臀筋、腰背部）のストレッチをおこなう。これらの筋肉は、あなたがランニングシューズを履くまでの日常生活でもっとも硬くなっている筋肉である。走る前にはＡＩＳや動的ストレッチをしよう。

もしもその日、一日中座っていたのならキャット＆カウがいい。地面に両手と両膝をついて背中を丸め、あごを引きながらおへそを上方に向け（キャット）、次に背中を反らせて視線を天井に上げる（カウ）。この動作を1セット（5回程度）をおこなうことで、骨盤回りの軟部組織がほぐれ、スムーズな感覚で走り出すことができる。

走った後は、きつかったり、違和感があった部位を数分かけてほぐす。ヒップ、大臀筋、ハムストリングスに張りがないかどうかも、この時点で確認しよう。静的ストレッチが好きなら、ランニング後がおすすめだ。車でトレーニング場所に行った場合は、車から降りたらキャット＆カウで骨盤をほぐそう。

ストレッチを生活に紛れ込ませる

143 保険金の支払いは隙間時間で

ランニング前後のちょっとしたストレッチはその日のランニングには役立つが、柔軟性を高めるというよりは、本来の状態に近づけるためのものだ。柔軟性を高めるためには、1回15〜20分の長めのセッションを週に数回おこなう必要がある。ランニングの2時間前にできるのであれば、それがベストだ。毎日走らないなら、走らない日がチャンスだ。あるいは午前中に長時間走った休日の午後などもいい。平日の早朝や、もしも適当な場所があれば真昼間だって問題ないし、あるいは寝る直前に短いセッションをおこなって1日の疲れを癒すのもいい。つまるところ、いつでもいい。わずかな時間を見つける意識が大切なのだ。何とかしてそのわずかな時間でこの保険金支払いを済ませてしまおう。

さらに短い時間に少しずつストレッチを繰り返すという方法もある。デスクに座って足裏サークル（後述）をするのもいい。テレビでドラマを見終わった後に、肩と首をほぐすのもいい（これも後述）。こういった隙間時間にストレッチをこまめにおこなうことで、十分に体を緩ませることができる、毎週何度か長いストレッチをおこなう必要もなくなる。

144 当たり前が重要

ほとんどのランナーは、ランニングに関係する大きな筋肉群（ふくらはぎ、ハムストリングス、大腿四頭筋、大臀筋）を硬くしてはならないことを直感的に知っている。自分の感覚を信じよう。ふくらはぎがかなり硬い場合は、まずふくらはぎをストレッチしよう。

145 足と足首の柔軟性

足と足首の可動域を広げることが重要だとわかっているだろうに、多くのランナーはなぜかこれらの部位を無視している。これらの関節の柔軟性がなくなると、ランニング全体に悪影響を及ぼし、スピードも低下する。足と足首の定期的なストレッチで、ストライドを支える力強い筋肉を柔らかくしよう。車のアクセルを踏むように足を上下させるアクセルペダルや、足を時計回り、反時計回りに何度か回すフットサークルもいい。これらのストレッチは、1日に数回、ランニング以外のことをしている間におこなえるはずだ。家で本を読んだりテレビを見たりしているときに足の甲をほぐすには、つま先をつかんで上下に動かすといい。

146　上半身の柔軟性

上半身が硬いとフォームが崩れやすくなる。柔軟性を保つことで、スムーズな全身の動きで走るチャンスを増やそう。特に肩は腰と同じで、あらゆる方向に可動域を広げたいところだ。

内旋筋《ないせんきん》や外旋筋など、さまざまな肩の筋肉をターゲットにしたストレッチを心がけよう。走るときに頭を体の上にそっと、ゆったりと乗せられるように首もストレッチしよう。ジム＆フィル・ウォートンのＡＩＳの本には、首と肩の筋肉をランナー的に理想に近づけるための一連のストレッチが紹介されている。足や足首のストレッチと同様、座り過ぎ、タイピングのし過ぎ、スクリーンの前にいる時間の長さへの対策として、１日に数回おこなおう。

筋力強化の実践

147 日常生活に負けないランナー

誰もが何らかの筋力トレーニングをすべきなのは、誰もが何らかの有酸素運動をすべきなのとまったく同じ理由からだ。私は走っているから筋力トレーニングをしなくてもいい、ということにはならない。ここからしばらくはケガをしにくいランニングボディを作るための、もっとも適切な筋力トレーニングに焦点を当てる。これはビーチでの見栄えを目的にしたものとは異なる、ランニングに的を絞ったエクササイズである。ランニングというきわめて反復的な動作に、日常生活の悪い習慣が加わることにより、簡単に特定部位が硬くなったり弱くなったりしない体を作らなければならないのだ。

148 足の筋力強化

膝伸筋、股関節内転筋、股関節外転筋、股関節屈筋、股関節伸筋、臀筋、ヒラメ筋、下腿三頭《かたい》筋がもっとも重要なターゲットである。どこの部位でも、軽いウエイトで10回×3セットが基本だ。狙った筋肉を個別的に鍛えたいので、ウエイトは最低限にしなくてはならない。狙った部位の周辺筋肉がサポートに回るような重量にしてしまうと効果が薄れるからだ。ゴールは特定の（多くの場合マイナーな）筋肉を強化することであり、全体的な筋力をアップさせることではないことを忘れないようにしてほしい。

たとえば、膝伸筋（膝から上の、体の正中線に向かう太ももの筋肉）をターゲットにしているとしよう。座った状態で、足首に３kgのウエイトをつけて、膝伸筋を収縮させながら下腿をまっすぐに伸ばす。重りをつけずに足を伸ばしたときよりも少し余分に効いている感じだ。同じエクササイズを３倍以上の重さでおこなうことも可能だろうが、足を上げるために股関節の筋肉や大腿四頭筋を使うようになってしまうのでお勧めしない。週に２～３回の足強化セッションを目標にして、可能な限りイージーランの日におこなうこと。

149　上半身の強化

ランニングに関して言えば、上半身でもっとも重要な部位は、三角筋、大胸筋、上腕三頭筋、肩外旋筋、肩内旋筋、僧帽筋、菱形筋《りょうけいきん》だ。これらの筋肉は、ランニング中に直立したリラックスした姿勢を維持し、よりスムーズで流れるようなストライドを実現するのに役立つ。極力軽いウエイト、レップ数、セット数は足と同じだ。この程度の軽いウエイトトレーニングはランニングの質を妨げることはないので、週に２～３回を目安にして時間が取れるときにいつでもやってみよう。

150 中殿筋の強化

体幹トレーニングの多くは、先に挙げた足の強化エクササイズでカバーされている。股関節とヒップのエクササイズは、骨盤の安定性を高め、結果的に体の他の部分への衝撃負荷を軽減する。中殿筋についてはどのようにするのがベストなのかは諸説あるが、手っ取り早くやるには、ランニングの後にプランクのポーズを連続しておこなう習慣をつけるのが一番だ。オーソドックスなプランクだけでなく、仰向けプランク、左右のサイドプランクといったバリエーションを加えて、それぞれ30秒から1分ずつが良い目標となるだろう。時間が経てば経つほど良い結果が得られるので、習慣になるまでつづけよう。

ランニングのケガ、最後のアドバイス

151 ダイエットの重要性

ダイエットのために走るのではなく、走るためにダイエットするのである。体重はあらゆるスポーツのパフォーマンスに、きわめて大きな影響を与える重要な要素で、言うまでもなくランニングも例外ではない。ランニングとは、着地するたびに関節、靭帯《じんたい》、骨などに体重の3〜4倍の重さの負荷をかける運動である。つまり1kgの体重増は3〜4kgの負荷となって、あなたの体にインパクトを与えることになる。もし3kg増えたら？　想像したくもないだろう。

そもそもランニングに限らず、大半の人の体にとって体重の増加はネガティブに働くことが多い。単に体の重さが増すだけならまだしも、コレステロール、脂肪分などのネガティブ因子がもれなくおまけでついてくるからだ。ランニングのためというよりは、自分の健康と長寿のために最適な体重を維持しよう。

パートⅣ　コンスタントに走る

――たくさん走るための43のヒント

「あー、今日は走るべきだったよなあー」

と思ってベッドに横たわることはよくあることだ。その逆に、「今日は走るんじゃなかった」と思いながらベッドに入ることはあまりない。継続性はランナーの聖杯だ。どんなコーチに聞いても、ランナーにとって一番大切な要件は継続性だと言うだろう。

ランニングはゴルフではない。2カ月間練習をサボって、同じタイムが出ることはない。まぐれもないし、運も関係ない。サボるとサボった分だけ能力が落ちていく。ピアニストのウラジミール・ホロヴィッツは、「1日練習しないと自分の耳にバレる。2日練習しなければ妻にバレる。3日間連続だと聴衆にバレる」と言っている。でも心配しないでほしい。何が何でも毎日走れ！と言っているわけではない。

たとえば、毎日走った1カ月の翌月、走る回数を減らして週に2回にすると、2カ月間の合計は40日になる。一方で、2カ月間連続で週に5日走っても40日になる。数値上は同じに見えるが、コンスタントに走った後者の方がはるかに良い。同じように、四季を通じて1年間維持できるレベルで定期的に走ることは、たとえば秋にハードなトレーニングをして、冬に緩めのトレーニングをするという組み合わせよりずっといい。2年間ランニングに熱中してやめてしまうよりも、年を取っても毎年少しずつでも走りつづけるほうがはるかに体にいい。

このパートでは、ランニング・キャリアを通じて一貫性を保つためのヒントを紹介する。また、モチベーションの欠如、天候、加齢、旅行など、継続的なランニングを達成するために克服しなければならないいくつかの課題についても考察していく。

ランナーのマインドセット

152 ランナーの一番の敵：惰性

マーク・トウェインは、良い作品を書き上げる最大の秘訣はいすに座っていることだと言った。ランニングも同じだ。良いランニングをするためにはシューズを履くことなのである。じつに単純なことだ。ただ問題は、「シンプル」が「イージー」と同義語ではない点である。惰性（慣性）は宇宙でもっとも強力なパワーの一つであり、ソファでテレビを見ている人の体は、何もしない限りソファの上にありつづけることになっている（静止している物体についてのニュートンの考察は正しかったが、運動している物体についてはもう少し研究が必要だったと思う。運動している物体は、外的な力が加わらない限り運動したままであるとしたが、そう断定する前にとりあえず自分で40㎞走ってみて、足を止めたくならないかどうかを確認するべきだった！）。

走りに行きたい、日常生活から脱出したい、という願望は普段は非常に魅力的に思えているのに、仕事で疲れていたり、外が寒かったり、暗かったりしたときには、そう思えなくなる。というか、そんな選択肢があること自体を認めたくない。こんなときにはランニングシューズを履くというシンプルなことが、きわめて面倒に思えてくる。

こういった日常という惰性に対してできる最善のことは、作業の単純化である。考えなければいいのだ。何も考えないでシューズを履く。それだけだ。何も考えない。それでもどうしても何かを考えたいのなら、走り終わった後のビールののど越し、あるいはその日の夜、ベッドに入って1日を振り返る自分の姿。「あー、やっぱり走って良かったー」と思っているのでは？ そう、あなたはほぼまちがいなくそう思うだろう。何も考えずにランニングシューズを履くだけで、あなたはその日のうちに幸福を実感することができるのだ。

153 時間を見つける

あまり着込まない服装で出歩いているために、近所で私がランナーであることを知らない人はいないだろう。けれども、ただ単に「健康のためにジョグしている人」と思っている人が圧倒的多数だと思う。信じられないことには、世の中にはランナーという高貴でストイックな種族の存在を知らずに、「ヒマだから走っている」とか「運動不足だから走っている」と思い込んでいる人が圧倒的に多い。

逆に、あまりにランニングに熱心で、そのストイックさがやや宗教がかって見えるのか、ときどき私がランニングを布教したいのだと勘ちがいをする人がいる。誘いもしないのに、「走りたいけど時間がないんだ」などと、まるでランナーのような言い訳をする人がいるから不思議だ。「あー、それは残念です。次はぜひよろしくお願いしますね」とでも言えばいいのだろうか（笑）。しかしながら、そんな意味不明の言い訳をする人でも、きっとニューヨーク・ヤンキーズの前日の試合経過は克明に把握してるし、人気ドラマの成り行きについても詳しいだろうし、フェイスブックの325人の友人の近況もおおよそは把握しているだろう。

生命に時限が決められている地球上の生物にとって、「時間」は「価値」そのものである。その価値をどう使おうが、それは他の生物が意見すべきことではない。ただ、もしその生物がランナーであったなら、「時間がない」というセリフがほとんど真実ではないことを知っていると思う。そしてそのランナーにアドバイスする立場の私はこう言うだろう。

――ランナーは走るために時間を見つける種族である。

154 マインドセットを入れ替える

もしランニングがあなたにとって価値がある活動ならば、あなたは自分のマインドセットを「走るための時間を見つけることができるか?」という問いから、「いつだったら時間が取れそうか?」にシフトしよう。「今日走れるだろうか?」ではなく、「今日はいつ走ろうか?」と考えるのだ。というのも、今日あなたが走るかどうかは、あなた以外には関係のないことだからだ。

上司、同僚、犬、パートナー、子供、友人はあなたのランニングとはまったく関係のないところであなたを必要としている。あなたのスケジュール表は刻一刻と埋まっていき、短い1日の中に、ランニングにぴったりの空白の時間が出現する可能性は低くなる。ところが、全世界からの要求を受け入れて一日中活動したというのに、あなたがその日走れなかったことを悔やんでベッドに入っていることを気にする人は絶無だ。もちろん世界中の人々があなたに意地悪をしているわけではない。それでも彼らは常に、あなたがランニングウェアに着替えることを妨害してくる。

継続性がもっとも重要な要件であるランニングにとって、こういった世界からの要求はきわめてやっかいだ。人気者のあなたがこういった妨害を回避するための最善の方法は、人々があなたを必要としない時間帯にこっそりやるしかない。早朝に走るランナーが多いのは、この時間帯がもっとも継続性を維持できるゴールデンタイムであるからだ。

155 ランニングは刺繍《ししゅう》ではない

ランニングの時間を確保するための最初のハードルは、まとまった時間の確保だろう。コンスタントに走ることは刺繍や読書のように、こまめに時間を分散して少しずつ前進することとは異なる。特に問題を複雑にしているのが食事だ。もしランニングがガーデニングのように、「とりあえず食事の準備をして、子供たちと一緒に夕食を食べてから30分くらい苗植えをしよう」と言えるようなものだったら素晴らしいのに、まとまった時間が必要なランナーにとって現実は厳しい。ランニング界であまり語られることはないが、私はこの食事が（特に夕食）がランニング普及にとって大きなネガティブ要因になっていると思う。といっても、食事ばかりはどうにもならない。一日一食主義の人もいるが、ストイックなランナーにとっては向いているかもしれない。ただ、結局家族の問題は残る。

156　奇跡を待つな

走る準備ができた！　と感じるときまで待ってはいけない。体の中に突然エネルギーが満ちあふれ、世界を打ち負かすような気分になる星の配置はレア中のレアだ。残念なことには、奇跡はイエス・キリストが復活して以降、起きていない。「今はなんとなく体が重いけど、もう少し時間が経てば……」と思っていると、結局走らないことになる。待っていると、余計なことを考える時間も長くなる。１時間ソファで横になっていることで、意欲がモリモリと湧き上がってくる人はいない。むしろ無気力になって、１日が60分短くなるだけだ。とにかく外に出て、ランニングを始めよう。

157　１㎜を削り出せ！

コンスタントなランニングを目指すあまりに、オール・オア・ナッシングのアプローチを取ってはならない。継続的でなければ意味がないと考えた瞬間に、日常生活という怪物が襲ってくる。理想的なランニングを追い求め過ぎると、待っているのは失望だ。日常生活は手強い。あなたが考えるところの理想的なトレーニング計画を中止せざるを得ない日もあるだろう。それは天候かもしれないし、仕事かもしれないし、家族の問題かもしれないし、疲労かもしれないし、単に目覚ましタイマーをかけ忘れて寝坊しただけかもしれない。

この本をここまで読んでくださった皆さんの中には、私が理想のランニングを完璧に実施していると思っている人がいるかもしれない。それはとんでもない買いかぶりだ。私だって、理想のランナーになりたい。けれども、それが難しいから苦労しているのである。あえて念を押させてもらうが、世の中に完璧なんてものは存在しない。ただ私が経験上知っているのは、1km地点は0km地点とはかけ離れた場所にあるが、15km地点は10kmのすぐ先にあるという事実だ。いつもよりずっと遅くてもいい、何となく膝に違和感を感じているかもしれない、ワークアウトをしようと思っていたコースが工事中かもしれない。そんなことは気にしない。明日はきっともっといい走りができる。だから、今日は1mmだけでもいい、ともかく走ろう！

158 アイ・ラブ・ランニング

ランニングは理屈ではない。走りたいからそうしているのであり、そうすることで人生がより良いものになる。ときには、何の見返りもないと感じることもあるだろう。ちょっとしたことでイライラすることもあるかもしれない。他人からは、熱中ぶりをうらやましがられたりもする。じっさい遠くから見れば素晴らしいものに見えるかもしれない。しかし辛いこともままある。辛い局面にぶつかったからといって、その関係から逃げ出すわけにはいかない。あなたの献身はいつかは報われる。関係を保っていられることに改めて感謝するようになるだろう。これって、どこかで聞いたことありますよね？　はい、ランニングは恋愛と似ています（笑）。

目標という名のモチベーション

159 常に目標に向かう

マラソンのレジェンド、ビル・ロジャースはセルフ・モチベーションの達人だ。この40年間、彼が意欲的に走りつづけていられるのは、常に目標に向かっているからだ。ロジャースの場合、それはたいていの場合、3～6カ月先のレースを意味する。それは、目標が実感できないほど先ではなく、数カ月間、前を向きつづけていられる程度に長期的だ。このロジャースの目標設定は、スポーツ心理学者が言うところの「良い目標」のお手本である。

個人的に意味があり、測定可能で、具体的で、達成感があり、ゴールが遠過ぎず、近過ぎず、階層化されている（長期的な目標につながる短期的な目標を作りやすい）。これらの要素のどれかが欠けていると、その目標はモチベーションを高める役割を果たせなくなる。たとえば、具体性に対して、「10㎞をとにかく速く走る」ではダメで、「10㎞で40分を切りたい」としなくてはならない。

ロジャースが設定する目標の素晴らしい点は、毎日走ることに意味を与えてくれることだ。ある特別な日に自分が設定したタイムで走ることを目標とし、その日から逆算して、その目標を達成するための論理的なトレーニング計画が立てられる。毎日のランニングを、目標までのどの位置にいるのかを意識しながらやるのと、ただ漫然と走っているのでは、充実感もちがうし、結果もちがってくるものだ。

160 レースが目標である必要はない

レースの成績やタイムとは関係ない目標もある。たとえば、元旦に新年の目標を日記に書くとき、最初の目標を「ケガで休まない」にする。これは単なる願望ではない。数値化できる目標なので、定期的に体のメンテナンス（ストレッチ、筋力強化、体幹トレーニングなど）をおこない、ケガをしにくい体作りに努めようというモチベーションになる。4日連続でハードなトレーニングをするといった愚かなミスを犯さないようになるだろう。「今日から3カ月間は週5日以上走る」というような目標でも、同じようなモチベーションが得られるはずだ。

レースのスタート時にゴール地点を目標にしないランナーはいない。それとまったく同じで、あなたが走るレースが3カ月間の耐久レースと考えるのはどうだろう。レース当日をラストスパートと認識すれば、3カ月前の今日こそがスタート地点なのだ。自ずとやらなくてはならないことは決まってくる。上り坂もあれば下り坂もあるし、給水しなくてはならないタイミングだってある。

ランニング・パートナー

161 人は一人では生きていけない

ビル・ロジャースが目標の大切さと共に力説しているのが、トレーニング・パートナーの存在だ。パートナーがいると、一人でつづけるよりも目標に楽に近づくことができる。パートナーはあなたを外に連れ出してくれる。パートナーはランニングのための時間を、自分自身にも他人にも正当なものと思わせてくれる。パートナーがいると困難な状況でも走りつづけることができる。パートナーは目標に向かって前進するための相談相手になってくれる。というように、パートナーを持つことの良い点については数え始めるとキリがない。

ランニングは一見とても孤独に見える。ところが意外なことには、一人だけで自分の可能性を広げることのできるランナーはほとんど例外的なのだ。トレーニング・パートナーはあなたのランニングを助けるだけでなく、あなたの人生を助けることになる。そして何よりも、あなたも彼や彼女を助けているのだ。週に数時間、ロードで一緒に走れば一般的な生活ではなかなか築くことのできない質の高い友情が生まれるだろう。

162 ダンス・ウィズ・パートナー

トレーニング・パートナーは、あなたと同じようなスピードで、同じような距離を走る人物である必要はない。確かに同じようなパフォーマンス同士の二人、もしくは複数の人たちの方がやりやすいが、あなたより速いランナーや遅いランナーを避ける理由はない。自分よりずっと遅い人がいたら、その週の一番ハードなワークアウトの翌日に一緒に走る計画を立てればいいし、自分よりずっと速い人がいたら、その人とのトレーニングをテンポ走として使う。自分の普段の半分の距離を走っている人がいたら、その人と一緒に走ってからコースをもう1周する。距離マニアの人がいたら、その最初の部分だけ参加する。やり方はいろいろある。ともかくパートナーとのトレーニング時間を持つことで、あなたの中に変化が起きて、リズムが出てくる。

163 バーチャル・パートナー

名を成したランナーの著作や伝記を読んだり、ネットで知識豊富なランナーが集まるランニング掲示板に参加したり、もちろん私が記事を書いているランナー雑誌を購読するのもいい！ これまでに何百万人もの人があなたの前を走ってきたのだ。あなたと同じような挑戦や喜びを経験してきた人の話を聞くことは有益だし、ランニングの世界に身を置く楽しさが倍加する。失敗を繰り返さないために、他の人が失敗から得た教訓を活用しよう。

走らない日って、どんな日？

164 病気のときでも走りたい

病気はランニングの大敵だ。ランナー界では、首から上の症状（鼻水、頭痛など）であれば走りつづけても問題ないが、首から下の症状（胸苦しさ、動悸、咳、嘔吐、下痢など）の場合は走るべきではないと言われている。しかしながら私たちは生物で、一人一人が別の肉体を持っている。個体差がある以上、最終判断は他人の意見を参考にしつつも、自分自身の経験でおこなうしかない。

私は体調が優れないときには、「走り始めて30分も経てば、かえって気分が良くなっているかもしれない」という楽観的な期待を胸に、形ばかりのジョグを試みる。その日のランニングが人生最上の思い出になるとは思えないが、私にとってはティッシュ箱を抱えて座っているよりはマシなのだ。走り始めて10分後に、これ以上の楽観性はリスクになると判断する場合に備えて家の近くを走る。そんな場合であっても、短時間のジョグがネガティブに働くことはない。やってみないとわからないではないか。ただし、これは判断の分かれるところだから、自分の体のことを一番よく知っている人に最終判断を委ねよう。そう、言うまでもなく、それはあなた自身だ。

165　規則正しい生活と食事

ランナーにとって、規則正しい生活と食事はやせるためのものではない。だからといって、5㎞走でいつもより8秒速く走るためでも、次の日曜日に30㎞ではなく40㎞を走るためでもない。基本的な健康を維持することによって、継続的なランニングの土台を築くためである。いつも風邪を引いていたり、過度の疲労があったり、どこかしら不調があるような状態では、良いランニング習慣を維持することは難しい。大切なのは、長くつづけることなのだ。

バランスの取れた食事は、より安定して意欲的なランニングを可能にする。ランナーにとってバランスの取れた食事とは、健康人にとってバランスの良い食事とほぼ同義である。新鮮な野菜と果物をたくさん、赤身のタンパク質を少量、筋肉に燃料を供給するために良質な炭水化物をたくさん、糖分を含まない水分をたくさん、飽和脂肪酸や加工食品は控えめに、といった感じだ。

流行に踊らされないようにしよう。基本はじつにシンプルなのだ。食事の選択を誤ったときのための保険として、マルチビタミンを毎日飲んでも構わないが、ランナーに役立つと宣伝されている大半のサプリメントはお金の無駄使いと考えた方がいい。特別なことは必要ないが、規則的であることは重要だ。

166 槍《やり》が降っているときだけは

コンスタントに走るということは、あらゆる天候の中を走るということでもある（雪国の積雪期と南国の盛夏には別メニューが必要となるだろう）。四季を通じて一貫したランニングをおこなうためにもっとも重要なのは、最新のウェアでもシューズでもなく、ここでもやはり精神力である。悪天候によるラン中止はもっともそれらしくて安直な言い訳である。その日の天候にベストマッチしたウェアなんてどうでもいい。インターネットの普及によって天候の情報はより早く、より正確に、よりピンポイントに入手できるようになったが、その分人は天候に対する耐性が弱くなってきているように思える。「今日は、危険な暑さになるので、外出はお控えください」、と言われれば、「そっか、じゃあやめておくか」と、必要以上に素直に服従するのである。

四季折々の自然を、文字通り身をもって感じることが、ランナーの大きな喜びだ。気温、湿度、空気感、太陽の光、木々が花を咲かせている様子、紅葉に染まった街路樹、そういったさまざまな自然をダイレクトに味わえるのがランニングであり、それはジムで筋トレにハマっている人ができない自然との対話なのだ。人間は元々は外で活動していた生物であり、必要となればさまざまな気候や天候に適応できる体を持っている。オフィスや車の窓越しに見えるほど、天気は悪くない。私は槍が降らない限り、どんな天気でも走る。ぜひあなたにもそうしてほしい。槍が降っているときだけは危険だからやめておこう。

167 ランナーのロールシャッハテスト

簡単なテストをしてみよう。ランニングシューズを履くことをためらっている雨の日に、——もし晴れていて、暑くもなく寒くもない、清々しい日だったら、私は同じようにためらっているだろうか？

と自問するのだ。

もし答えが「ためらうことなく走っている」だったら、雨はランニングをサボる十分な理由にはならない。もちろん、だからといって天気にケチをつけても始まらない。槍じゃなかったことを天に感謝しながら靴ひもを結ぼう。

季節や天気への対応

168 もやしっ子の温床

パプア・ニューギニアやフィリピンのような場所が、ランナー天国とならないのには理由がある。長距離走のパフォーマンスは、体重の２％が脱水すると低下し始める。これは体重68 kgのランナーなら1・7ℓの発汗ということになり、1時間足らずのランニングでも簡単に起こり得ることだ。汗っかきのランナーはもっと短時間に多くの汗をかく。脱水し始めると呼吸が浅くなり、心拍数が上がり、ペースが劇的に落ちる負のスパイラルに陥る。私は7月の2時間のランで、体重が59 kgから54 kgに落ちたことがある。

赤道から離れている地域のランナーにとって、日照時間が長い夏という季節は、外に出やすいシーズンであると同時に、質の高いランニングを維持するのがもっとも難しい季節だ。だからといって、エアコンと友達になってはいけない。エアコンの効いた快適な部屋は、もやしっ子の温床なのだから。ランナーに継続性が求められていることを思い出してほしい。1歩外に出れば、それがあなたの世界となる。暑さの中で走ることもランニングの一部なのだ。暑さの中でどれだけ体力を消耗するかを把握して、そのマネジメント方法を学ぼう。夏が終わって爽やかな秋の朝を迎えたとき、自分が速くなったような気がするはずだ。

169 解凍で時間を稼ぐ

夏のランニングの成功は、いかにして脱水症状を軽減するかにかかっている。もっとも簡単な方法は早朝や日没後に走ること、汗をため込まずに蒸発しやすいアウターウェアにする、最初からペースを抑えて走る、などだ。これらはすべて誰でも思いつく常識的な対策だろうが、最新の研究では、暑い中を走る前に予冷することの利点が明らかになっている。その研究はアイスベストを着用した被験者を対象におこなわれたものだが、似た環境を自宅で再現することもできる。走る前の15分間にエアコンを過剰に効かせた部屋にいることができれば、体幹の温度は少し下がる。その後に走り始めれば、脱水が足にブレーキをかけ始めるタイミングを先送りにできる。

170 隠し井戸

かつて極端に暑い日以外は、夏のランニングだからといって水を携行する必要はなく、平均的な夏の日に45分のランニングで汗の量がパフォーマンスに大きく影響することはなかった。人によって感覚がちがうだろうが、私自身はボトルを吊り下げたり、パックに入れて背負ったり、手に持ったまま走るよりは、少々脱水の量が多くても余計なものを身につけたくないタイプだったが、昨今は、「極端に暑い日」というのが夏のスタンダードになりつつあるので、スタイルの変更が求められているのかもしれない。ただ、今のところ私の例外はいつもよりハードに、もしくは長時間走る場合だけだ。いつもよりも運動量が多いので発汗量も多い。トラックでなくても、ハードなワークアウトをしている場合は、同じ場所を繰り返して走ることになるだろうから、適当な場所にボトルを隠しておいてリカバリージョグ中に一口飲む。

ワークアウトでの目標は忍耐力の育成ではなく、パフォーマンスを高次元で維持することなので、発汗量によって余儀なくされる大幅なペースダウンは避けたい。ロング走で普段の2倍の距離を走る際には、発汗によるロスをある程度取り戻さない限り、終盤はペースが落ちることになる。週末のロング走は早めにスタートして、ボトルを置いた場所を繰り返し走るルートを計画したい。自分を飽きさせないための新鮮なルート取りとは矛盾するが、背に腹は代えられない。スポーツドリンクは、水と同程度の速さで水分補給ができて、ナトリウムが血液のバランスを正常に保つために機能していることが科学的に明らかになっている。

171 秋季配当

体重の2％以上の汗をかいたと思ったら、即座に水分補給を始めることが肝心だ。これを遅らせれば遅らせるほど回復が遅れる。かつて人の内臓は２２０㎖以上の水分を15分以内に処理することはできないと言われていたが、今やそれは大昔の伝説となった。走り終わって４ℓの水かスポーツドリンクをがぶ飲みしたくなったら、どうぞご自由に！

ランニングをしていないときでも、あなたは自分がランナーであることを忘れてはならない。慢性的な脱水はあなたの体から継続性を失うことになる。数日つづけて水分不足になると、無気力感ややる気のなさを感じるようになる。暑い時期の尿が黄色から濃い黄色の場合は、水分補給が適切におこなわれていない可能性が高い（ビタミンCなどのサプリメントを摂取していない場合）。あなたが心にとどめておくべきことは、暑い環境下でのトレーニングに慣れているランナーは、涼しい気候で良いパフォーマンスを発揮するという研究結果があることだ。つまり暑熱トレーニングには、高地トレーニングのようなパフォーマンス向上効果があるわけである。ここから二つの教訓が得られる。一つ目は、暑い中を長時間走りつづけることで、秋に大きな配当が得られるということ。二つ目は、いつもより遅いペースで走ることを強いられたとしても、体力は向上しているということ。

172 15分後のアウターウェア

「この天候で走るんですか？」という質問は、夏よりも冬に多く耳にする。氷点下の気温の中で走ることは、最初の10分を過ぎてしまえばそれほど大きな問題にはならない。10分経てば筋肉への血流は増え、体温もかなり上がっている。気にしたいのはアウターウェアだ。ドアを出た瞬間ではなく、走り始めてから15分後の自分の状態をイメージしよう。体が温まって気温のことなど気にならなくなったとき、逆に気になってくるのが暑苦しさだ。走り出した当初は少し冷えていても、暑くなるよりはいい。例外は手である。寒冷な環境下で、走っている最中に手や指先が温まることはめったにない。ただし氷点下だからといってグローブをしていると、手に汗をかくこともある。この問題を解決してくれるのが、指先部分が折り返せるグローブだ。

173 冬のウェア

上半身に、重ね着が必要となることはめったにないだろう。最近は高品質のアウターウェアがたくさん出回っている。私はメリノウールの大ファンだが、これは幅広い温度帯で素晴らしい保温性を発揮してくれるし、臭くなることもない。下半身は厚着をし過ぎると蒸れてきて不快になる。いずれにしても暑い寒いは個人差が大きいので、仲間の話をあくまでも参考にしながら、冬のランニングのアウターウェアの選択を試してみよう。外気温が1度ちがっただけでも、発汗量はかなりちがってくるものだ。

174 雪の日だって走りたい

雪国に暮らしている人は、積雪した路面を走ることができなければ冬の間のランニングは大休止となってしまう。最近はヤックトラックス（YakTrax）やスタビルアイサー（STABILicers）など、ランニングシューズに装着できる滑り止めの商品が充実しているから、よほどの大雪でない限りは積雪を言い訳にしてランニングを中止しないようにしよう。正直なところ、ヤックトラックスを初めて使って走ったとき、私は半信半疑だった。ところが走りに問題はなかったし、雪上を走っている限り、足裏から伝わってくる感覚も問題なかった。今では、大部分が除雪されていない道を走ることがわかっているときは、かならずヤックトラックスかスタビルアイサーを利用している。雪が積もっている森の中のトレイルを走るのは楽し過ぎて病みつきになる。ただ、雪道を走ると（特に滑り止めなしの場合は）、ハムストリングスや腸脛靭帯《ちょうけいじんたい》が1歩ごとに姿勢を安定させようとするために余計な仕事をする。雪道を走った後は、腸脛靭帯を優しくストレッチし、ハムストリングスの上部に氷を数分間当てよう。

175 暗がりを恐れない

仕事を持っている人にとって、夜のランニングはほぼ避けられない状況だろう。ただ、このランにはその独特な環境だけが持つ魅力がある。日中に同じコースを走るときとは別コースを走っている気がする。先に見えている目標物があるとないとでは、距離感覚がちがうし、同時に時間感覚も変わってくる。暗いと一般的に距離は近くなり、時間は早く過ぎると言われているが、これは人によってちがうだろう。誰もがやらなければならないのは走行時の安全性の確保だ。

暗がりでは、自分が見える、他人から見える、という二つを別々に考えよう。自分を目立たせるために（特に車のドライバーに）、体のどこかにかならず反射材をつけておこう。多くのシューズには反射材がついているが、前後左右からわかるようなベルト状の反射板を足や腕に巻きつけておくのがお勧めだ。そして街灯がない所を走るときには、かならずヘッドランプを灯して走ろう。暗がりで転倒してしまうと、倒れ込んだ周囲の確認ができないためにかなり危険だ。

176　雨天決行

ほとんどの場合、雨の最大の問題は窓の外ではなく、内側にいるあなた自身の中にある。土砂降りの中でランニングシューズを履いて家のドアを開けるのは、外に出てから雨が降り出すケースよりも心理的にははるかにやっかいだ。そんなとき私はいつも、濡れるのは最初の10分だけだと自分に言い聞かせるようにしている。体が温まれば、びしょ濡れになったウェアもさほど気にならなくなるものだ。そして、雨が降っているときは、靴ひもをしっかり結び直すようにしている。雨でシューズが濡れると足がずれやすくなり、その余計な動きで膝や足の他の部分が痛くなることがあるからだ。

177　エビフライは先に食べよう

風は好きだろうか?　かいた汗をそっと優しく乾かしてくれるような心地良い風は、1年に数えるほどしか吹いてくれない。風はコントロール不能なやっかいな要素であることが多い。風が強過ぎると、たとえそれが追い風であっても、リラックスした気分で走ることができないものだ。人間の体は扁平な楕円柱をしていて、不幸なことにはもっとも風を受けやすい正面に目がついている。もしカニのように横に走ることができたなら、マラソンのワールドレコードはとうの昔に楽々と2時間を切っていただろう。

風の強い日の対策としてよく言われるアドバイスは、帰り道で向かい風に当たらないルート取りをするというものだ。大好物のエビフライを最後に食べるという選択の、真逆バージョンである。好みが分かれるところだが、私は逆がいいと思っている。風のひどい日に風を背中に受けながら走ると、何となくいつもより楽な気になる。だから結果的にいつもより長い距離を走ることができる。もちろん引き返して家に帰る時間になったら、自分で自分をだましていたことに気づくわけだが、時すでに遅し、もしくは後の祭りである(笑)。自分で自分をだますこういったテクは、私がもっとも得意としている技法だが、この場合もどんなに遠くまで来てしまっていても、自力で家まで戻るしか方法はないのだ。もし私がこの自己欺瞞の道を突っ走らずに、良心的なアドバイスどおりに楽なエビフライを後に残したら、向かい風に負け、折り返し地点はずっと家に近くなってしまうだろう。

愛と憎しみのトレッドミル

178 君がいてくれて良かった

トレッドミルが大好きなランナーもいれば、大嫌いなランナーもいる。私はどちらかというと後者だが、「君がいてくれて良かった」と思うこともある。明日は吹雪かもしれないという状況でも、私は予報が外れることを祈って気分的には外を走るつもりでいる。予報が当たったときには仕方なくトレッドミルで走るが、この保険があるとないとでは安心感に雲泥の差がある。自宅のガレージの隅に置いてあるだけで心が安らぐのだ。正直なところ冬のランニングの後には、しばしばトレッドミルで走ったほうが充実したランニングができたと後悔することもある。悪天候や暗がりなどを考えると、トレッドミルの安全性は合理的な選択ではある。

179 トレッドミルはスコッチではない

トレッドミルの欠点は一点だけ。それは退屈さだ。逆に言えば、外で走ろうがトレッドミルで走ろうが、どっちにしても退屈さは変わらないというランナーは、トレッドミルを積極的に活用すればいい。一方で、私のように大地の上を走る感触、顔に当たる風、通り過ぎる景色などが好きで走っているのなら、トレッドミルの退屈さを紛らわす方法が必要だ（トレッドミルのことを考えるとき、私はなぜかいつも、「ビールなんて酒じゃない」と言うヘビー・スコッチドリンカーを思い出す）。誰でもやっているのが、音楽を聴きながらトレッドミルに乗るという退屈しのぎだが、１分間に１８０拍前後（かなり速い）の音楽を聴きながら走ると効果的だという研究もある。テレビや映画を見ると時間が早く過ぎるが、夢中になり過ぎるとかならずフォームが崩れる。

180 トレッドミル勾配問題

トレッドミルの勾配問題を議論し始めるときりがなく、走る時間がなくなってしまうから簡潔にいこう。伝説的なコーチであり運動生理学者でもあるジャック・ダニエルズは、トレッドミルの勾配を１％に設定することを長い間推奨してきた。このわずかな勾配がないと外を走るときと同じ酸素消費量にならないという。このダニエルズの主張に、次のように反論する人がいる。「トレッドミルの勾配を１％にして走るのであれば、勾配を０％にしてスピードを少し速く設定する方が効率的ではないのか？」。

ランニングのメカニズムをより普通に近づけながら、トレッドミルに乗っている時間を短縮できるという理屈だが、どこかしら、さっさと退屈なトレッドミルから降りたい気持ちが潜んでいるように思える。科学的な根拠に乏しいが、私には向いている。というように、トレッドミルの機能と同じだけのやり方がある。ともかく飽きないようにやろうじゃないの。

181 トレッドミルの甘い言葉

トレッドミルに対して愛憎半ばの私だけれども、コンソールに表示される数値を真に受けてはいけない。あくまでも指標程度に考えておいた方が身のためだ。時計くらいは信じてあげてもいいが、少なくとも一般に市販されているトレッドミルが表示する数値に精度を求めてはいけない。普段のトレーニングペースと同じように数値を設定したはずが、いつもより楽に感じることもある。しかし、そんな甘い数字を安易に信用してはいけない。逆に、いつもよりもキツく感じられるからといって、自分の体調を疑うこともない。疑うべきはトレッドミルの方である。何度も繰り返すから、きっと耳にタコができているだろうが、GPSやらのデジタル機器に頼ってはいけないのだ。自分の体が伝えてくる感覚をベースにトレッドミルの負荷を決めよう。

さらに、トレッドミルでぐるぐる回っているソフトなラバーベルトと、アスファルトの地面には猛烈な差がある。ジムのトレッドミルでトレーニングをしている人を外に誘い出して走ると、ほぼまちがいなく距離感のずれを口にする。路面を走る方がはるかに距離が長く感じるというのだ。これはトレッドミルの距離計の正確さの問題ではなく、路面を走ることがよりハードであることの証左だ。

高齢者のランニング

182 引退しないスポーツ選手

自分が達成するだろう最速の日がまだ先にあると感じているときは、ランニングに熱中しつづけることは簡単だ。しかしながら、自己ベストを更新して以降、何をやってもパフォーマンスが上がらずペースが落ちてくる。これはランナーの身にかならず起こる宿命である。私たちはランナーである前に、一個の生物である。悲しいことに生物には年齢があり、ある時点で、体力は自動的に右肩下がりになってくる。そのターンオーバーの年齢は、ランニングを始めた年齢によって大きな差がある。

ほとんどの新人ランナーは、コンスタントに走りつづけることによって10年から12年は上達が期待できる。たとえば高校の陸上部で走り始めたランナーなら、20代後半で競技のピークを迎え、その後停滞し、少しペースが落ち始め、30代後半から40代前半でさらに下降ペースが速まるだろう。成人以降に走り始めたランナーであれば、たとえ40代、50代であったとしても、ランニングキャリアの最初の数年間は継続的な向上が期待できる。しかし加齢の影響で、ある時点からパフォーマンス曲線は下降線をたどることになる。もちろん、その頃にはランニングが好きになっているだろうし、継続性を保つために何をすべきかもわかっているだろう。それでも年々ペースが落ちていくとイライラし、ランニングをつづける意味を考えてしまうかもしれない。次項からしばらくは、そんなあなたが希望を失わないためのヒントを紹介する。

183 別人としてのリブート

まずは何よりも、あなたの体がピークだったときのタイムと、現在のタイムの比較をやめる必要がある。ずっと目標を追ってタイムを気にしてきたあなたには難しいかもしれない。そんなあなたが自分を納得させるための最善の方法は、速かった若い頃の自分を別のランナーだと考えることだ。じっさいのところ、加齢により別の肉体となっているのだから。

長く走りつづけているランナーの多くは、5年ごとにデータを白紙に戻している。彼らは、たとえば50〜54歳の年齢層という区切りの中で最高の走りをしようと努力する。

モチベーションを高めるためのもう一つの方法は、異なる種目や目標に集中することである。全盛期にマラソンに集中していたのであれば、次はトレイルランニングに挑戦するとか、100㎞マラソンに参加するとか。もちろん、目標がレースである必要はない。

184 リカバリーを中心に

長い間、熱心にランニングをつづけてきた年配のランナーの大半は、ハードなトレーニングやロング走そのものには問題を感じないが、リカバリーにはピーク時よりもはるかに時間がかかると言う。以前は1日あれば十分だったイージーデーが、2～3日ないと次のハードトレーニングに向かえなくなるのだ。この変化を「まあ年も取ったし、仕方ないな」と精神的に受け入れることができたとしても、現実的なトレーニング計画を変更しなければ、以降ランニングをつづけていくことはできなくなる。

ここで思い出してほしいのは、この本の冒頭に記した1週間を1サイクルと考える必要はないという発想だ。ランナーにとって1週間という単位には何の意味もなく、あくまでも便宜的なものだ。だから高齢のランナーは、トレーニングを週単位で繰り返す必要はないのだ。

もちろん、日常生活上の理由から日曜日にロング走をするなど、これまでのパターンを維持することは問題ないし、定期的なトレーニング・パートナーとのスケジュールも変えなくていい。ただ、一つのサイクルを2週間とか1カ月といった長い単位で考えよう。重要なのは、リカバリーの時間に焦点を当てて計画を立てることだ。その結果、たとえば週に1回だったハードなワークアウトが2週間に1回になることもあるだろう。がっかりすることはない。別な人間には別のトレーニングプランが必要なのは当たり前のことなのだから。

185 ケガをしない

高齢ランナーがもっとも注意しなければならないのはケガだ。年齢とともに回復に要する時間が長くなる。20代には48時間で治ったアキレス腱の炎症が、何週間もつづくようになる。ランニングを休まなければならなくなった場合、復帰にも時間がかかる。高齢者はケガによって、ランニングにもっとも重要であるところの継続性が簡単に失われてしまうのだ。つまりケガをしない方向へプランを全フリしなくてはならない。これがリカバリーを中心に計画を立てなければならない最大の理由である。

186 さらに柔軟に

柔軟性と筋力を高め、維持することは、高齢のランナーにとって非常に重要な課題である。良い走りを支えるこれらの要素は、メンテナンスをしなければ加齢と共に確実に衰えていく。強くしなやかな体を作ることは、ケガをしにくくするだけではなく、単純に以前と同じように自分の体を維持できている喜びを感じることができる。ランニングが楽しいアクティビティであるという感覚は、それだけで大きなモチベーションとなるはずだ。

187 スピードは卒業できない

もう年なんだからスピードはいいよ、と言わないでほしい。短めのスピード走を定期的におこなうことで、ケガのリスクを減らすことができる。筋肉量と可動域を維持し、中枢神経系をより高いレベルで働かせることができるのだ。ただし、若い頃とちがって量よりも頻度が重要となる。イージーランの後、週に2回、3分間キープできるペースで20秒間のスピードランを6～10回おこなうと効果的だ。

188 若者の力を借りる

できることなら若いトレーニング・パートナーやグループを見つけて、彼らと定期的に走ることができれば最高だ。いまだ見ぬ自己ベストを追いかけているランナーと一緒に走ると、「私はもう年だから」と自己憐憫《れんびん》に浸っているヒマがない。彼らの熱意は不思議と伝染してくるのだ。私の友人には高校生と一緒に走っているランナーもいる。自分のランニングが生まれ変わるほどの新鮮さだという。ここまでが高齢者のためのヒントだ。

旅先で走る

189　旅行の前に

仕事でも遊びでも、飛行機や列車で長距離の移動をする前には、寝る前に歯を磨くように、かならずランニングをする習慣を身につけよう。早朝に数キロを走るだけで、達成感を旅の道連れにできる。しかし、フライトの遅延は当たり前だし、旅先でも何があるかはわからない。現地に着いたらまずは走ろうという計画を立てない方が身のためだ。

190　いつでも走れるパッキング

ランニングギアは機内持ち込み手荷物に入れる。特に海外旅行で預けた手荷物が行方不明になるのは異常事態ではなく、想定範囲内のトラブルと考えた方がいい。私の友人に、2週間のアフリカへのランニング旅行をした際に、残り2日でようやくランニングシューズがホテルに届いた女性がいる。国内海外を問わず、最低でもシューズとウェア1着は機内に持ち込もう。

191 欲張りな人の休暇

正直に言おう。私には休暇中に走らない人の気持ちが理解できない。ランニングは私の人生をより豊かにし、リフレッシュさせ、視野を広げてくれる。つまりランニングにはそもそも休暇的な意味合いがあるのだ。休暇に行って、さらにリラックスするために走るというのは欲張り過ぎだろうか。そんな欲張りの私だから、休暇中は走る量を減らすのではなく、逆に増やす傾向にある。

長い間走っているランナーなら、走ることがその土地を知るための最適な方法であることを知っている。地元の人たちが、朝どのようにして1日を始めているのか。その土地の音や匂いはどんなものなのか。人はどんなところに集まっているのか。そういった、旅のガイドブックに載ることのない生の空気感が五感を通じてあなたの体に染み入ってくる。ホテルのコンシェルジュが教えてくれるレストランではなく、目立たないけれども雰囲気のある小さなバルを見つけたりするのも朝方のランだ。あなたと一緒に丸一日を過ごしたがる人がいたって問題はない。いつものように少し早起きして、パートナーが起きる前に用事をすませてしまおう。どんなに賑やかな観光地でも、早朝はあなたが独り占めできる。

スマホを持って走る習慣がない人も、旅先では万が一のことも考えて携行することをお勧めする。写真も撮れるし。エッフェル塔を前にポーズを取った日中の写真よりも、モンパルナスのカフェに朝の斜光線が当たっている写真の方が、あなたの記憶により深く残るはずだ。

192　朝のビジネス

旅行がビジネスの場合は、朝方に走った方がいい。長時間に及ぶ打ち合わせや会議、ランチ、ディナーなど、あなたが必要だから集まっている人たちを置き去りにして、「ちょっと用事があるので」というのはビジネスマナー違反だ。

193　旅先のランニング・クラブ

旅行前にネットでサイクリングロードや公園を探して、到着したら場所を確認しよう。地元のランニングクラブのネット掲示板は、ランニングコースを見つけるためには最適な情報源だ。グループメンバーと一緒に走るかどうかは別として、旅行前に地元の人からお薦めコースを聞いておいて損はない。情報がない場合は、最悪でも閑静な住宅街を見つけることができれば、即席の周回コースにすることができる。ホテルのトレッドミルは保険だ。

コンスタントに走りつづけるために

194 ランナーの選択アーキテクチャ

行動経済学者は、私たちが選択をする環境の重要性を「選択アーキテクチャ」と呼んでいる。正しいことを簡単に選択できるような環境を作ることができたときに、人は行動を起こしやすい。不確かな選択肢が脇に見えていると、人は行動を起こしにくい。ランニングも同じだ。選択肢を限定的にして、「今日は走れるだろうか?」ではなく「何時に走ろうか」と考えるようにしたり、他のランナーと定期的に一緒に行動したり、出張では公園の近くのホテルを選んで泊まったり、自然と体がランニングシューズを履くように、自分の周りの環境を作ろう。

パートV

ランニング雑学

——シューズや安全性などの28のヒント

ランニングシューズという相棒

195 新しいシューズを 慣らす必要は？

以前は、新しいシューズを買った後、しばらく日常で使ってからランニングの実戦に投入した方がいいと言われてきた。ところが今では、箱から出したばかりのシューズを履いて、どれだけ遠くまで、どれだけ速く走っても大丈夫ということになっている。ただ、これにはただし書きが必要だ。確かに以前のシューズのように靴ずれを起こすことはなくなったかもしれないが、新しいシューズと新しいモデルは同義ではない。新素材や製法上の技術革新により、メーカーは毎年新製品を発売するようになり、宣伝文句に釣られて新しいモデルを買う機会が増えているのが多くのランナーの現実だと思う。大きなレースをテレビで見ていて、まず目が行くのが選手たちのシューズという人も多いのではないか。

長く使ってきたシューズが古くなったから、同じモデルの新品に交換する場合は何の問題もない。箱から出したばかりのピカピカのシューズを履いて、そのまま走り出せばいい。ただ、新しいモデルに変えた場合は、いきなり長い距離を走ったり、ハードなトレーニングをする前に、数度はイージーランをした方が身のためだ。これには常識的な二つの理由がある。一つ目は、甲の高さや、シューズの幅、ミッドソールの高低が足（足先だけではなく、ふくらはぎなども含めた）

に及ぼす影響がないかどうかを確認するため。二つ目は、靴が合わなかった場合に、ケガの被害を最小限に抑えるためだ。シューズは消耗品なので、定期的に交換する必要がある。新しいシューズを買ったときに走るコースは、毎回同じコースに決めておいた方が比較しやすい。

196 シューズのローテーション

家計が許す限り、ランニング用のシューズは2足持ちたい。モデルによって衝撃の分散が少しずつちがうので、同じモデルを2足ローテーションさせるのではなく、ちがうモデルを交互に使ったほうが足への衝撃が分散するから体に優しい。また2足を交互に使うことによって、ミッドソールの素材が元の状態に戻るまでにより長い時間を与えられるし、アッパーには完全に乾燥するまでの時間の余裕を持たせることができるから、シューズにも優しい。とはいえ、2足の別モデルをローテーションさせるのであれば、あまり性格の異なったモデルのペア（もちろん3足でも問題はない）は好ましくない。メーカーがちがってもいいが、近い傾向のモデルを選んでローテーションしよう。わずかなちがいでも、衝撃力の分布は異なってくるからだ。

197 シューズの乾かし方

雨の日のランニングの後にシューズを乾かす、昔ながらの最良の方法を知っているだろうか？インソールを外し、靴の中にくしゃくしゃに丸めた新聞紙（キッチンペーパー）を詰める。取り出したインソールにはさらに新聞紙を巻く。雨の多い季節のランニングの場合は、乾くまでに1、2回巻き直す必要があるかもしれない。靴をストーブなどの熱源に近づけたり、ドライヤーで強引に乾かすのは、素材の劣化を速めるリスクがあるのであまりお勧めしない。

198 シューズレビューの信憑性《しんぴょう》

ランニング雑誌やSNSでのシューズレビューを鵜呑《うの》みにして購入を決めない方がいい。何しろライターの私が言うのだからまちがいはない（汗）。その最大の理由は、雑誌やSNSが収益源の広告主であるところのメーカーと癒着《ゆちゃく》している、からではない。もしシューズに機能上の問題があれば、優れたランニング雑誌はそれを指摘するだろう（少なくとも私はそうする）。

シューズレビューを鵜呑みにしてはいけない最大の理由は、情報提供のスピードを優先する雑誌の短期間の製作プロセスに起因している。新しいシューズが発売されてから、あなたがそのシューズについての記事を読むまでに、雑誌のテスターには長い距離を走るだけの十分な時間がないのだ。そのためにシューズの構造やフィーリングについての感覚的なコメントをすることはできても、肝心の耐久性については語ることができない。YouTubeに至ってはレビューの最速掲載競争をしているようなものなので、おそらくは1日、せいぜい数日程度しか走らないで記事をアップしている。世界最高のシューズであっても250km走っただけでヘタってくるようでは買う価値はない。シューズのレビューだけを信じずに、信用できるネットのフォーラムで数多くのランナーが発する長期的なデータで情報を補おう。

以上、面倒くさそうに聞こえるかもしれないが、じつは実践するための方法は意外に簡単だ。新製品が出た瞬間に買わないだけのことである。半年も待てばいろいろな声が聞こえてくる。好き好んで人柱になった人からの、正直な意見を聞いてからでも遅くない。

199 まな板のコイ

ランニング専門店では、正しいシューズ選びをサポートする手段として、トレッドミルで走る客の姿をビデオで撮影するのが一般的になっている。ショップの皆さんには申し訳ないが、正直に言ってこうした分析を信用し過ぎない方がいい。このビデオ分析で明らかになるのは、プロネーション、つまり足がトレッドミルに接地してから蹴るまでの間に、足がどれだけロールしているかである。最適なシューズ選びを決定する要素は他にもたくさんあるが、ランニング動作のこの一点に集中するのは計測しやすいからである。

また、トレッドミルに乗ると、その瞬間にあなたは「まな板のコイ」になる。よほど強い意志を持って乗らないと、医師の診断に従うように、店員の処方に従わなければならないような（＝購入する）気分になってしまう。

教育を受けたショップの店員はメーカー認定者と呼ばれる。メーカーはより多くのシューズを売りたいのだから、より多くの店員を認定者として登録したい。ショップの店員がもしランナーだったなら、彼女か彼はまちがいなく良い人物だ。ランナーに悪人はいないのだから。ただ、彼女か彼が世界一の善意を持っているスーパーナイス・パースンだったとしても、靴の第一人者ではない。トレッドミルでの分析をするのであれば、靴を決めるための情報の一つとして利用するべきだ。もし販売員があなたがぴったりと思っているモデルとはまるで異なるモデルを勧めるようであれば、「ありがとうございます。もうちょっと考えてみますね」と言って、その場を立ち去るのが賢明だ。

200 靴ひもの結び方

靴に関して、意外に盲点となっているのが靴ひもの結び方である。スニーカーと同じ結び方でも構わないが、あるいはもっといい方法があるかもしれない。ぴったりとフィットしながら、同時に快適な履き心地が得られるものを見つけよう。かかとをしっかりホールドするために、上部のアイレットをループ状にして足首に1周させる人もいる。また、甲高や幅広のような足に対応するために、中央部のアイレットを抜かして結ぶ人もいる。

また靴ひもだけではなく、アキレス腱への刺激を軽減するために、ヒール上部をカットするようなカスタマイズをする人もいる。かつてランニングシューズの土踏まずに硬質プラスチックのブリッジを入れる構造が主流だった頃、私はナイフでソールを切ってプラスティック板を取り除いていたが、最近のシューズは構造が複雑過ぎる。ＤＩＹはやめておいた方が身のためだ。

その他、ランニング周辺のあれこれ

201 荒波を乗り越える

ランニング中に苦しくなったら、まずは自分にこう言い聞かせよう。「この時間帯を乗り越えさえすれば」。私たちの体は不思議なもので、ほんの数キロ走っただけで調子が良くなったり、悪くなったり、なぜか絶好調になったりする。数分間苦しいからといって、残りのランが苦しくなりつづけるわけではない。もしも苦しい状態が数分以上つづくようならペースを落として様子を見よう。じっと状況に耐えることが荒波を乗り越える最上の手段であることが多い。

202 ゾンビになるな

朝一番に走るなら、起床からドアを開けて走り出すまでに、どのくらいの時間が必要なのかを確認してみよう。前項同様に、頭で勝手に「起床から30分で走り出さないと、出勤時刻に間に合わない」と決めてはいけない。出勤時刻は確定しているだろうから、起床時間で調整するのだ。先に起床時間ありきではいけない。出勤時刻から、体の準備が整って走り終わるまでの時間を逆算したところに起床時間があると考えなくてはならないのだ。

年齢を重ねるにつれてほとんどのランナーは、走る準備に以前よりも多くの時間が必要と感じるようになる。起きてすぐに走り出し、最初の数キロをゾンビのように走るくらいなら、早めに起きて準備に時間を使った方がいい。走る前のストレッチをするのに十分な時間も加えておこう。

203 自然が呼ぶとき

長い距離を走ると、消化器官から「お願い、速く走って！」と急かされて、冷や汗をかくこともある。ピットストップの頻度が高い人は、走る前の食事時間を変えてみたり、ランニングコース上に公衆トイレのある公園や、緊急の場合に利用させてもらえるコンビニを加えておいた方がいい。

204 何とかなるさ

長年ランニングをしていると、天候や体調、その時々の日常的な精神状況によって、走りを完璧なものにすることが簡単ではないことがわかってくる。それでも私たちは、「次のランはきっと最高だ」と信じて走る。このマインドセットは大切だ。いささか教条的になってしまうが、この希望を捨てない楽観性と諦めない姿勢は、あなたの人生が他の局面で困難に相対したときにかならずあなた自身を救うことになる。それだけは信じていい。

205 常習犯になろう

繰り返しになるが、やっぱり重要だからここでもう一度だけ言わせてほしい。多忙な私たちの1日に空き時間なんてない。空き時間が向こうからやって来てくれる幸運はそうそうないものなのだ。言葉は悪いが、空き時間は恵んでもらうものではなく、置き引きでもスリでも強盗でもいいから、むりやりにでも奪取するものなのだ。明日の朝6時は、長いテンポ走をするのに理想的な時間ではないかもしれない。でも、やってみたらどうだろう？　一度やってしまえば、そして特に終わってしまえば、その時間がどの時間よりも良かったことに気づくかもしれない。これがランニングのカルペ・ディエム、今でしょ！、だ。

206 苦しいときは日記を読む

苦しくなったら、昔の日記に目を通してみよう。昔はもっとペース走が楽だったと思っているあなたが日記を読むと、当時も今も苦しさにはちっとも変わりがないことがわかるだろう（だからこそ日記にはありのままの事実と本音を書かなければならない。そうでないと、あなたは将来の自分をだますことになる）。ケガだって、一生治癒しないかもしれないと心配したけれども杞憂《きゆう》だった。リハビリも何とか乗り越えてきた。そういった自分の経験を読み返すと、今、目の前にある壁も何とか乗り越えられる気がしてくるはずだ。

207　通勤ラン

もしも走って通勤が可能な環境であれば、通勤ランをしてみよう。通勤ランに悪いことは一つもない。ランニングで輝かしい1日が始まり、気分よく仕事が始められる。そして職場から自宅に到着したときには、すでにその日のランニングは終わっているのだ。「今日は疲れているから、どうしようかなあ」などと迷うことすらできない。仕事帰りに走れば、仕事のストレスから解放される時間も短い。良いことずくめの通勤ランだが、会社にシャワー設備がある幸運な人を除けば、朝は電車で出勤して、帰りだけ走って帰るという選択が現実的かもしれない。ラッシュ時にノロノロと走る車を尻目に、快速で家に向かっている感覚はサイコーだ！

208　つまらない用事が肝心

私が知る限り、自分にランニングシューズを履かせるための、もっとも現実的かつ効果的な方法がこれだ。何でもいいから、ランと用事と組み合わせるのだ。車を修理工場に預けるときは代車を断って走って帰り、修理が終わったら走って取りに行く。忙しい人でも定期的に歯医者くらいは行くだろうが、私の友人には電話をせずに予約だけのために自宅とクリニックを往復する強者もいる。理由さえあればどんなに些細《ささい》なことでもいい。コーヒーフィルターがなくなったら、ａｍａｚｏｎでポチらず、駅前のスーパーまでひと走りしてこよう。

209 ランナーの異常値は正常

ランニングは健康維持のために優れたスポーツだ。もっとも明らかな効用は、安静時の心拍数が低くなることである。持久的なスポーツ特有の体の適応である。今では大半の医療関係者が知っている常識だが、脈拍計測で38という数値を見て新人の看護師が慌てたら、優しくアドバイスしてあげよう。また長期のランニングにより血液量が増加することがわかっている。その結果、ヘモグロビンや赤血球の数が増える。これは医師から貧血の兆候と解釈されることがあるから、これも頭に入れておいた方がいい。ちなみに座りっぱなしの人は左心室の壁が厚くなり、左心室全体が大きくなる傾向がある。左心室の壁が厚くなると心臓発作や脳卒中の前兆となる可能性があり、左心室が大きくなると心臓弁の漏れのシグナルと見なされる可能性がある。心臓の検査をする前に、医師にあなたがランニングをしていることを告げておくべきだが、座りっぱなしの仕事をしているランナーも多いから、こればかりは医師の診断を仰ぐほかにない。

210 ラン友の新規開拓

ラン友を見つけるのはパッチワークのように骨の折れる作業だが、やっただけの大きな価値がある。地元のランニングクラブの扉をノックするのが最初のステップとしては一般的だろう。ほとんどのランニングクラブにはグループランがあるから、自分の現在のフィットネスレベルに近い人を見つけることができる。もちろん人間関係はタイムとは別物だから、同じレベルの人がいればいいというものでもない。気が合う人が見つかれば、レベル差なんてどうにでもなるが、ランニングクラブ以外で、新しいランニング・パートナーと出会う素晴らしい方法がある。これは覚えておいて、何かのきっかけがあればぜひ試してほしい。

それはレースでゴールしたときに、自分の周囲にいた人に話しかけるという方法だ。目標タイムに届いても届かなくても、少なくとも走り終えたという達成感で人の心は開きやすくなっている。「お疲れさまでした」と言えば、会話が自然に始まるだろう。何しろあなたとほぼ同タイムなのだから、パートナーとしては過不足がない。あなたがランニングクラブに所属しているなら、仲間とのクールダウンに誘ってみよう。もしかするといつも一人で走っていて、仲間をほしがっているかもしれないではないか。

211 食べて走る

走っているときに胃が痛くならないように食後に十分な時間を空けるのか、エネルギーを蓄えるために走る直前に食事をした方がいいのか、個人差が大きいのでいろいろ自分で試して適切なタイミングを見つけよう。

私のランニング・パートナーは、私が迎えに行く直前のタイミングでベーコンの皿を平らげている。私の腸は世界一軟弱なので、ランニング後5時間以内に食事をすると、たいていトラブルに見舞われる。どちらも極端な例ということになるのだろうが、いずれにしても人の意見は当てにならないという典型だ。走り始めて15分経ってもまだ頭がボーッとしているランナーは、一般的には走る前にカロリーを取っておいた方がいいが、胃が弱い人は直前というわけにはいかないだろう。バナナやベーグルのような消化のよいものを数百キロカロリー分食べると、血糖値が上がって元気が出てくる。いろいろと試してみよう。

212 片足で靴ひもを結べますか?

見逃されがちだが、体のバランスが良いとランニングがもっと楽になる。言われて初めて気づく読者も多いだろうが、じつはランニングは基本的に片足でバランスを取りながら前に進む運動である。したがってバランスが悪いと一歩一歩が不安定になり、必要以上にスピードが落ちたり、疲労が蓄積されたり、あるいは別の場所に問題が生じたり、ケガの原因になることもある。

バランスの悪さは、雪上やトレイルを走っているときにより深刻な問題となり、ひどいときには転倒してしまうこともある。ランナーのバランスの悪さは、臀部の筋力低下に起因することが多い。逆に言えば、力強いストライドで走ることができていないことの証左でもある。片足だけで立ち、腰を落としてシューズのひもを結ぶことができるだろうか? もしできないなら、バランスが悪い。朝、歯を磨くときに片足で立ち、夜、歯を磨くときにもう片方の足で立つことを繰り返すとバランスが取れてくるからやってみてほしい。

213　トレイルランニングの効用

トレイルランニングでは周囲の景色を楽しむことと、つまずかないように地面を見つめることのバランスが大切だ。トレイルランニングを定期的におこなうことで、プロプリオセプション（空間における体の位置感覚）が向上する。地面にある障害物の上を走ったり、乗り越えたり、回避したりする方法を本能的に感じ取ることができるようになるのだ。プロプリオセプションの向上は、バランス感覚の向上と同様にすべてのランニングに役立つ。トレイルでは、普段平坦な地形を走るときよりも短めで素早いストライドで走ること。良いランニングシューズは大半のトレイルで問題なく使える。トレイルではよりタフなシューズを履く人もいるが、私は逆のアプローチを取る。森の中を歩くときにくるぶしを覆う重いハイキングブーツではなく、オリエンテーリングシューズを選ぶのと同じ理屈である。いつものランナーマインドはトレイルの入り口に置いていこう。ペースが遅過ぎて運動不足になるとか、どこまで走っているのかわからないといった心配をせずに、ただひたすら自然の中を走る喜びに浸ろう。いつもの世界とはひと味ちがった走りを体験することで、きっとあなたのランニング観が変化する。

214　ランニングが嫌いなパートナー

これは難問だ。嫉妬《しっと》、恨み、はたまた罪悪感とか、どんな理由であれランナーのパートナーの中にはこのスポーツを好まない人がいる。「あなたは大好きだけど、ランニングは大嫌い」というのは、裏を返せば「あなたが大好きだから、一緒にいる時間を奪っているランニングが憎い」ということだ。あるいは、わざわざ好き好んで苦しい修行をして、そこに至福を感じる宗教的世界から、あなたを脱出させる使命感に燃えているのかもしれない（スポーツをまったくしない人には、汗をかく爽快感がわからない）。もしかするとランニングに関して、何かトラウマがあるのかもしれないが、あなたにできることは、なぜランニングが自分にとって重要なのか、健康を保つために必須なのかを、決して押しつけるようなニュアンスにならず、相手への敬意を忘れずに冷静に説明することだけだ。着地点は、あなたの健康が二人の将来にとってどれだけ重要なのかを理解してもらうことであり、相手を言い負かすことではないのだから。という真面目くさったアドバイスをした後で、こんな話はどうだろうか。

　私が大学生だったある夏の日に、先輩ランナーを迎えに行った。先輩は仕事から帰ってきたばかりで、寝室で仕事着からランニングウェアに着替えていた。待っている間、私は彼の奥さんと話をした。先輩はケガから復帰したばかりで、前の週まで毎日仕事から帰ってきてはソファに座ってテレビを見ていたということだった。共働きの奥さんは先輩がケガをする前まで、ただでさえ少ない二人一緒の時間を奪うランニングを毛嫌いしていて、そのせいで夫婦関係が悪くなってさえいたらしい。だが、彼がケガをすると、彼女は夫の治癒を心から願った。最愛の夫がいち早く大好きなランニングに戻ることができるように願った、わけではない。早いところ治ってくれないと、いつまでも自分一人の時間が持てないからだった。夫がケガをして初めて、彼のランニングの時間が自分の貴重なプライベートタイムになっていたことに気づいたのだった。

自分で語りながらも、正直なところこれが笑い話なのか、愛を巡るシリアスな物語なのか、ランナーへのアドバイスなのか、よくわからない（汗）。

215 ランニング連続日数の意味

継続性がランニングの成功の鍵だとしたら、論理的には1日も休まずに走りつづけることがベストだという結論になる。ほんとうにそうなのだろうか？ ほとんどの人にとって、そうではない。ケガを未然に防ぐためには休ませることも必要だ。ランニング日数連続記録のために、気休め程度のランニングをすることには何の意味もない。私の友人におよそ20年間、毎日最低3㎞以上を走っているランナーがいる。もし毎日走らなかったら、もっと早くケガが治っていたと思うが、そうはいっても彼から学ぶことも多い。彼は毎日、何とかして走る時間を見つける。「時間がない」という言い訳が嘘っぱちであることを知っているのだ。

私自身も何度か連続記録を更新した。結果は最長で6年ちょっとだったが、今では最長記録に意味はないと思っている。最近も2年ほど毎日走っていたが、ふくらはぎを痛めてあっさり連続記録を諦めた。健康を維持するために走っているはずが、自己満足的な記録に走らされるようになるのはバカげている。勇気ある撤退が必要なときもある。

216

ランニング大使としてのあなた

非ランナーがランナーに対して持つ印象にあなたは責任を負っている。道路やトレイルを利用しているのは私たちだけではない。リズムが崩れるから足を止めたくないという気持ちはわかるが、相手にだってリズムがあることを肝に銘じておこう。杖をつきながらゆっくりと歩いている老人の脇をすり抜けるときにはペースを落として、「こんにちは！」と一声かけたり、犬を散歩させている少女が狭い道をリードでとうせんぼをしていても、笑って足を止めて「かわいいワンちゃんだね」と言うくらいの余裕を持ちたい。他人と競争するのはレースまで取っておこう。

217

標高差を考えよう

旅行で標高が高い場所に行って、そこでランニングを楽しむ場合、酸素が少ないことを意識しなければならない。何よりも重要なのはスローなスタートだ。標高が低い所では、たとえ走り始めが速過ぎたとしても、ペースのミスに気づけばやり直せる。しかし標高の高い所では、最初の失敗が取り返しのつかないものとなる。おそらくは残りのランニングの間、苦しい状態がつづくだろう。その苦しさは首を絞められているような、足が崩れていくような感覚を伴う。ウォームアップも重要だ。標高にもよるが、人間の体が高所に順応するまでには日数がかかるので、その間に走った疲労が累積することになる。上り坂は特に辛いだろうが、呼吸を乱さないように意識的にゆっくりと走ることによって、平地や下り坂で回復できるはずだ。

水をいつもより多めに飲むことも重要だ。頭痛は十分な水分補給ができていない証拠だ。蓄積疲労がさらにあなたの足を重くする。数日間だけの高地滞在ならば、ハードなトレーニングに挑戦するのはやめておこう。ゆっくり走るだけで十分ハードなのだから。滞在期間が1週間以上あれば、あなたの体は自然に高地順応をしてくれるから、数日おきに流しをおこなうのは良いアイデアだ。速く走ることで、標高のためにだるくなりがちな足に活力を与えることができる。また高地では流しの間に完全なリカバリーを取ることも大切だ。

218 倦怠期を乗り切る

自分のランニングがマンネリ化していると感じたら、意図的に状況を変えてみよう。いつもの周回コースを逆回りに走るだけでも、見慣れた景色が新しく見えてくる。どこを走るかまったく決めずに玄関を出て、靴が行きたがっている方向へ向かうなんていうのもいいし、ときにはいつもとちがう時間帯に走るなんていうのもいい。あるいは自分よりずっと遅い人と一緒に走ったり、ずっと速い人と一緒に走って、あえて自分をいつもの枠から外すとか。家から4～5㎞離れた場所まで車で行って走り始めることでも、いつもとはかなりちがうランニングになる。また、パートナーと買い物などに出かけたときに、ショッピングセンターのトイレで着替えて、帰りだけ走って帰るなんていうのも悪くない。私がいつもとちがう気分で走りたいときの最後の手段は、クレージーな服を着るというものだ。以前、とんでもなくダボダボのバスケットボール・ショーツを履いて、上半身裸というのもやったことがあるが、何も裸にまでなる必要はない。自分が笑えるくらい派手なウェアがいいだろう。

219 世界はあなたを待っている

走っている最中に緊急の仕事や家族と連絡を取る必要がある場合、あるいはまったく知らない場所を走ったり、体調に自信がないとき以外は、携帯電話を家に置いておくこと。走っている時間だけはいつもの世界から自分を切り離して、日常生活とのメリハリをつけよう。

220 ランチタイムランナー

ランチタイムランナーなら、誰しも昼休みが3時間あったらいいと思っているだろう。万が一、「いいよ、3時間くらいなら」と言ってくれる上司がいたら、その職場を死守するべきだ。あるいはそんな上司が好き過ぎて、ランチタイムを削ってでも仕事をしてしまうかもしれないが(笑)。とはいえ、空想の中にしかいない理想の上司に憧れるのはやめて、ランニング後のストレッチを少しだけ手抜きする方がはるかに現実的だ。12時59分ジャストに職場に戻った後はこまめに体を動かすこと。デスクでは足で円を描いたり、片足を反対側の足の膝の上に乗せて座り、前傾姿勢になって臀部のストレッチをするなど、午後の間中少しずつストレッチをする。帰宅後にはしっかりとストレッチをおこない、翌日のランチタイムランニングに備えよう。

221 ワンステッパー

ワンステッパーを知っているだろうか？　ランニング・パートナー、あるいは他の人とグループで走っているとき、いつも人より1歩先を走りたがるランナーのことだ。ワンステッパーは仲間をイライラさせて、知らぬ間にペースを上げてしまう。何を隠そう、じつは私は元ワンステッパーだった。ランニング・パートナーに言われるまで、自分ではまったく気づかなかった。あなたも知らず知らずのうちにワンステッパーになっている可能性がある。今では、私は自分の肩がパートナーより前に出ないことを常に意識して走っている。特に、自分よりずっと遅い人と一緒に走っているときに、頼まれてもいないのに前に出るのはマナー違反だから注意しよう。

222 ランニングの美徳

私たちランナーが日常的に努力している精神的な側面を一言で表現するならば、「忍耐」である。ロング走やハードなトレーニング、悪天候の数週間や気力減退の日々にも耐える。私たちは物事を最後までやり遂げるために必要なことが、「忍耐」であることを身をもって知っているのだ。ランナーはランニング以外の努力においても、その美徳を心の底のよりどころにすることで、残りの人生を素晴らしくできることを知っている。それを忘れないでおこう。

そこに道があるから

走ることはあなたの一瞬を酔わせ、1日を楽しくし、1年を魅了し、人生を有意義なものにします。誰に強制されたわけでもないし、あなたのランニングが世界を救うわけでもありません。それでもあなたが走るのは、走ることが好きだからです。この本に書かれてある222のヒントを投げ捨ててもいいから、ともかくあんまり考え過ぎないで、シューズを履いて駆け出そう！

著者

スコット・ダグラス。米国メイン州在住の、『ランナーズ・ワールド』などに連載コラムを持つ人気ランニング・ライター。高校生のときにランニングの魅力に取りつかれる。20代後半からランニングに関する文章を書き始め、やがてフリーランスのライターとして独立。数多くの著名ランナーとの交流があり、4半世紀以上にわたりランニング・ジャーナリズム界の中心にいる。主な著書にベストセラー『アドバンスト・マラソントレーニング　第3版』（ピート・フィッツィンジャーとの共著。ベースボールマガジン社刊。本国では第4版の発行準備中）。『26 Marathons』（メブ・ケフレジギとの共著）、『Running Is My Therapy』など著書多数。

翻訳監修者

高山敦史（たかやま　あつし）。大手スポーツクラブ出身。大阪に拠点を置き、ランニングを専門にパーソナル・トレーニングをおこなっているプロフェッショナル・トレーナー。メンバーが150名を超える関西最大級のランニング・チーム「タカヤマラソンRC」代表。一人一人の能力や体格に合わせた、的確かつ具体的な指導に定評があり、指導したランナーの人数は累計1万人を超える。自身が運営する、YouTubeチャンネル「タカヤマラソン」のフォロワーは10万人を超え、飾らない性格とわかりやすいそのトレーニング方法により、数多くのファンを得ている。タカヤマラソンのホームページは www.takayamarathon.com

ランナーズ・レッドブック

——ランナーへの222のヒント

著者　スコット・ダグラス
翻訳　ふらい人書房　編集部
翻訳監修　高山敦史
装丁　ふらい人書房　編集部
校正　舟串彰文
発行日　2024年12月20日　第1版
発行者　ふらい人書房
印刷所　藤プリント
発行所　ふらい人書房
東京都町田市三輪緑山2-25-21
e-mail　flybito@me.com

ISBN978-4-909174-17-8